믿는 이들의 어머니
성모 마리아

믿는 이들의 어머니
성모 마리아

2016년 7월 26일 교회 인가
2016년 10월 18일 초판 1쇄 펴냄
2018년 2월 24일 초판 5쇄 펴냄

지은이 김종수
펴낸이 염수정
펴낸곳 가톨릭출판사
편집 겸 인쇄인 김대영
편집장 이현주
편집 김소정, 전혜선
디자인 정해인
마케팅 강시내

본사 서울특별시 중구 중림로 27
지사 경기도 고양시 일산동구 노첨길 65
등록 1958. 1. 16. 제2-314호
전자우편 edit@catholicbook.kr
전화 1544-1886(대) / (02)6365-1888(영업국)
지로번호 3000997

ISBN 978-89-321-1461-3 03230

값 12,000원

ⓒ 김종수, 2016

가톨릭출판사 인터넷 서점 http://www.catholicbook.kr
직영 매장 명동대성당 (02)776-3601, (070)8865-1886/ FAX (02)776-3602
　　　　　 가톨릭회관 (02)777-2521, (070)8810-1886/ FAX (02)6499-1906
　　　　　 서초동성당 (02)313-1886/ FAX (02)585-5883
　　　　　 서울성모병원 (02)534-1886/ FAX (02)392-9252
　　　　　 절두산순교성지 (02)3141-1886/ FAX (02)335-0213
　　　　　 미주지사 (323)734-3383/ FAX (323)734-3380

가톨릭의 모든 도서와 성물을 '가톨릭출판사 인터넷 서점'에서 만나 보실 수 있습니다.

이 도서의 국립중앙도서관 출판예정도서목록(CIP)은 서지정보유통지원시스템 홈페이지(http://www.seoji.nl.go.kr)와 국가자료 공동목록시스템(http://www.nl.go.kr/kolisnet)에서 이용하실 수 있습니다(CIP제어번호: CIP2016022109).

성경·교회 문헌 ⓒ 한국천주교중앙협의회

이 책은 저작권법에 의해 보호를 받는 저작물이므로 무단 전재와 무단 복제를 금합니다.

믿는 이들의 어머니
성모 마리아

김종수 주교 지음

가톨릭출판사

머리말

성모님 글을 쓰면서

로마 유학을 마치고 귀국한 지 약 두 달 뒤, 저는 대전교구 해미 성당의 주임 신부로 임명되었습니다. 처음으로 맡게 된 본당이라 설레는 마음으로 부임했고 나름대로 열심히 사목에 임했습니다. 우리나라 어디나 그렇듯 시골 본당이지만 레지오 마리애 쁘레시디움이 여러 개 있었습니다. 훈화와 강복을 성심껏 준비하여 각 쁘레시디움을 돌면서, 가끔은 한 쁘레시디움에 처음부터 끝까지 함께하기도 했습니다.

그러다가 주 회합 중에 하는 '레지오 마리애 공인 교본' 연구에서 나이 지긋한 자매님들이 발표하는 내용을 듣게 되었습니다. 물론 레지오 마리애 단원으로서 교본을 잘 이해하는 것이 중요하겠지만, 교본 내용의 절반 이상이 성모님과 관련된 것이 아니라 조직에 관한 내용인 것 같아서 조금 안타까웠습니다. 발표 내용 중에 분명 그분들이 뜻을 잘 알지 못할 것 같은 라틴어 단어들도 섞여 있었습니다. 이런 내용을 매번 요약해서 발표하라고 하는 데에 불만이 있을 법도 한데, 전혀 그런 기색 없이 그분들이 누군가의 도움을 받아서라도 발표를 열심히 하시는 것을 저는 보았습니다.

그때 문득 이런 생각이 들었습니다. 그분들에게 교본 연구는 교회의 지시이고, 그것을 그분들이 그대로 받아들이고 순명하는 모습이 성모님을 많이 닮았다는 것입니다. 그리고 언젠가는 제가 성모님의 모습을 잘 담은 책을 그분들에게 써서 드리고 싶다는 마음이 들었습니다. 그분들이 성경과 교의에 나타나는 성모님의 모습을 더 가까이 느끼게 되었으면 하는 마음이 든 것이지요. 이 생각을 마음에 담아 두고만 있다가 최근에 성모님에 관한 글을 쓰고 싶은 또 다른 자극이 생기면서 오래된 기억을 꺼내 이 글을 쓰게 되었습니다.

하지만 이 글이 제가 맡았던 첫 본당의 나이 지긋한 자매님들에게 드리고 싶었던, 명확하면서도 쉬운 그런 글이 아님을 새삼 느낍니다. 성모님에 관한 성경과 교의를 분명히 설명하려는 욕심에 점점 어려워진 것 같고, 그래서 처음 생각했던 것만큼 그분들에게 좋은 선물이 되지 못한 것 같아 아쉽습니다. 그렇더라도 이 글을 통해 그분들이 성모님을 알고 느끼는 데 미약하나마 도움이 되었으면 하는 바람입니다.

글을 쓰기 시작하면서 잘 마무리되면 개인적으로 인쇄해서 좋은 기회에 그분들에게 선물로 드리려고 했는데, 어떻게 하다 보니 이렇게 책으로 출판하게 되었습니다. 이 글을 처음부터 자세히 읽고 교정해 주시고 출판될 때까지 수고해 주신 대전교구 한광석 신부님께 감사드립니다. '교의 안에서의 마리아' 부분은 대전 가톨릭대학교 총장 곽승룡 신부님이, '마리아의 발현' 부분은 파리 외방 전교회 서봉세 신부님과 성체 선교 클라라 수도회 수녀님들 그리고 파티마의 세계 사도직 협의회 관계자분들이 검토해 주셨습니다. 진심으로 감사드립니다. 그리고 동창 글이라 좋게 봐 주시고 기꺼이 출판을 허락해 주신 가톨릭출판사 사장 홍성학 신부님과 원고를 다시 한 번 꼼꼼히 살펴 주신 출판 관계자분들에게도 감사드립니다.

2016년 5월 31일
복되신 동정 마리아의 방문 축일에
김종수 아우구스티노

차례

머리말 성모님 글을 쓰면서 ● 5

🌹 성경 안에서의 마리아

너와 그 여자 사이에 적개심을 일으키리니 ● 13
임마누엘 하느님 ● 18
여인이 아이를 낳을 때까지 주님은 그들을 내버려 두리라 ● 22
하느님 계획 안에서의 마리아 ● 26
예수님의 족보 ● 30
예수님의 탄생 예고 ● 34
마리아를 받아들인 요셉 ● 38
마리아의 엘리사벳 방문 ● 41

마리아의 노래 ❀ 44

마구간에서 태어나신 예수님 ❀ 48

하느님을 찬미하는 목동들 ❀ 52

아기 예수님을 찾아 경배하는 동방 박사들 ❀ 56

아기 예수님의 봉헌과 시메온의 예언 ❀ 60

성가정의 피난 ❀ 64

예수님을 성전에서 찾다 ❀ 68

침묵과 관상의 마리아 ❀ 72

카나의 혼인 잔치 ❀ 76

예수님의 어머니 ❀ 80

마리아의 아들 예수님 ❀ 84

사도들의 어머니가 되신 십자가 곁의 마리아 ❀ 88

사도들과 함께 계신 교회의 어머니, 마리아 ❀ 92

천상 교회와 마리아 ❀ 96

❀ 교의 안에서의 마리아

하느님의 어머니 ❀ 103

평생 동정이신 마리아 ❀ 109

원죄 없이 잉태되신 마리아 ❀ 113

마리아의 승천 ❀ 117

🌹 마리아의 발현

과달루페의 성모 ● 123

루르드의 성모 ● 130

파티마의 성모 ● 135

맺음말 교회의 모범이신 성모님과 요셉 성인 ● 141

부록 성모 마리아 관련 축일 ● 143

성경 안에서의
마리아

너와 그 여자 사이에
적개심을 일으키리니

¹⁵나는 너와 그 여자 사이에, 네 후손과 그 여자의 후손 사이에 적개심을 일으키리니 여자의 후손은 너의 머리에 상처를 입히고 너는 그의 발꿈치에 상처를 입히리라. (창세 3,15)

하느님이 꾸미신 에덴동산은 네 줄기 강이 갈라지는 비옥한 땅이었습니다. 하느님은 그곳에 온갖 맛 좋은 과일이 열리는 과일나무를 자라게 하셨습니다. 그뿐만 아니라 그 땅에는 금과 보석도 풍부했습니다. 하느님은 남자(아담)와 여자(하와)를 만들어 그곳에서 살게 하셨습니다.

그런데 인간이 에덴동산에 살기 위해서는 지켜야 할 조건이 하나 있었습니다. "선과 악을 알게 하는 나무에서는 따 먹으면 안 된다. 그 열매를 따 먹는 날, 너는 반드시 죽을 것이다."(창세 2,17)라는 것이었습니다. 즉 다른 모든 나무의 과일은 먹어도 되지만, 선과 악을 알게 하는 나무의 과일은 먹어서는 안 된다는 것이었지요. 뱀의 유혹을 받기 전까지, 아담과 하와는 하느님의 말씀에 순종하여 선과 악을 알게 하는 나무에 욕심을 갖지 않고 주어진 조건에 만족하며 살았습니다.

하느님이 말씀하신 '선과 악을 안다'는 것은 우리 행동에 대한 윤리적인 식별력을 말하는 것이 아니라, 선과 악에 대한 최종 판단과 지배력을 말합니다. 이것은 오직 선하신 하느님의 몫입니다. 우리가 이 세상을 떠나게 되었을 때 어떻게 살았는지 하느님만이 판단하실 수 있습니다.

복음에 어떤 사람이 예수님께 와서 영원한 생명을 얻으려면 무슨 선한 일을 해야 하느냐고 묻자 "어찌하여 나에게 선한 일을 묻느냐? 선하신 분은 한 분뿐이시다."(마태 19,17)라고 하신 예수님의 대답에서 창세기의 '선과 악을 안다'는 구절의 뜻을 이해할 수 있습니다.

어떤 사람 혹은 집단이 다른 사람들 위에 서서 선악을 판단하려고 할 때 폭력이 발생하기 쉽습니다. 역사적으로 볼 때, 집단 학살이나 독재 정치에 이러한 배경이 있었음을 알 수 있습니다. 창세기에서는 사람과 사람 사이에 어느 한쪽이 일방적으로 선악을 판단하게 되면 죽음에 이른다는 것이 하느님의 뜻이라고 가르치는 것입니다. 그런데도 사람은 주변 상황을 자기 기준대로 판단하고 싶은 유혹에 쉽게 흔

들리곤 합니다.

뱀으로 상징되는 악마는 "너희는 결코 죽지 않는다."(창세 3,4)라고 말하며 인간을 유혹합니다. 선악과를 먹으면 죽는다는 하느님의 말씀에 정면으로 도전하며, 그 말씀을 거짓으로 만드는 것입니다. 아담과 하와가 이 말을 즉시 받아들이든 받아들이지 않든, 일단 관심을 갖게 되면서 그들이 그동안 순종했던 마음속 하느님의 말씀이 상처를 입기 시작합니다.

이어서 뱀은 "그것을 먹는 날, 너희 눈이 열려 하느님처럼 되어서 선과 악을 알게 될 줄을 하느님께서 아시고 그렇게 말씀하신 것이다."(창세 3,5)라고 말합니다. '하느님처럼 된다'는 말이 참으로 달콤하게 들리지만, 뒤집어 보면 이제 더 이상 하느님이 필요 없게 된다는 무서운 의미가 담겨 있습니다.

하와가 뱀의 유혹을 듣고 선과 악을 알게 하는 나무를 쳐다보니, 그 열매가 맛있어 보이고 정말 슬기롭게 해 줄 것만 같았습니다. 결국 하와는 참지 못하고 그 열매 하나를 따서 먹고 아담에게도 줍니다.

이 일로 인해 아담과 하와는 생명의 땅인 에덴동산에서 쫓겨납니다. 그러나 하느님은 당신의 모습대로 창조하신 인간이 영원히 멸망하도록 두지 않으십니다. 하느님은 인간의 삶에서 악마의 힘을 결정적으로 무너뜨릴 약속을 아담과 하와에게 하십니다.

그 약속은 바로 이 글의 앞부분에 나온 창세기 3장 15절의 내용입니다. 하느님의 이 말씀은 악마의 세력을 멸망시킬 인물 곧 메시아에 대한 약속입니다. 그래서 교회는 이 말씀을 원복음(元福音, Proto Evangelium)이라고 불러왔습니다. 하느님이 오랜 시간 뒤에 복음을 통해 선포될 구원의 역사를 미리 알려 주셨기 때문입니다. '뱀의 후손'이 에덴동산에서처럼 인간을 하느님에게서 멀어지게 하고 죽음에 이르게 할 악마의 세력이라면, '여자의 후손'은 최종적으로 이 세력을 꺾을 메시아입니다.

하느님의 이 말씀 안에는 한 '여자'가 언급됩니다. 이 여자 역시 메시아와 같이 뱀에게 대적할 인물로 묘사되어 있습니다. 이 여인은 누구일까요? 이 여인의 후손이 메시아라면, 성경의 구원 역사 안에서 마리아 이외에 다른 어떤 여성도 생각할 수 없습니다. 교회의 전승은 이것을 분명히 하고 있습니다.

여기서 이 여인, 곧 마리아가 악마에 대적하는 인물로서 구세사에서 일정한 역할을 한다고 선언된다는 점이 중요합니다. 앞으로 마리아가 어떤 역할을 할지는 역사가 진행되면서 하느님이 정하시고 보여 주실 것입니다.

하느님의 생명을 받아 하느님의 모습대로 창조된 인간이지만, 하느님의 말씀에서 벗어날 때 인간은 생명의 땅에서 멀어집니다. 하느님의 말씀을 지켜야 할 계명으로만 생각하다 보면 그것이 짐으로 다가올 수도 있습니다. 하지만 생명의 길을 그 안에서 발견하면 그 길은 진정한 자유의 길임을 깨닫게 될 것입니다.

이 세상에서 육으로 살아가는 우리는 늘 물질적인 안락함의 유혹을 받습니다. 그러나 우리는 육으로 시작하여 영으로 맺도록 부르심을 받았습니다. 물질적인 것은 우리에게 필요하지만, 하느님은 우리에게 이것을 내려놓는 방법을 가르쳐 주십니다.

부르심을 받은 이에게 자존심, 자아실현의 욕구도 물질적인 영역입니다. 이것을 내려놓을 수 있을 때까지 "너희는 좁은 문으로 들어가라. …… 생명으로 이끄는 문은 얼마나 좁고 또 그 길은 얼마나 비좁은지!"(마태 7,13-14)라고 하신 예수님의 말씀을 항상 마음속에 간직합시다.

임마누엘 하느님

¹⁴그러므로 주님께서 몸소 여러분에게 표징을 주실 것입니다. 보십시오, 젊은 여인이 잉태하여 아들을 낳고 그 이름을 임마누엘이라 할 것입니다. (이사 7,14)

이사야 예언자가 하느님의 이 말씀을 전할 때, 유다의 아하즈 임금은 중대한 기로에 서 있었습니다. 아시리아의 티글랏 필에세르 3세 임금이 즉위하면서, 아시리아는 주변 국가들에 대한 정복 전쟁을 펼쳐 나갑니다. 이에 저항하는 다마스쿠스와 사마리아와 티로 등의 동맹 세력은 아하즈 임금에게 함께할 것을 제안합니다. 아하즈 임금은 강대국 아시리아와 저항 동맹 세력 사이에서 나라를 지키기 위해 어느 쪽을 선택해야 할지 갈림길에 서 있었던 것입니다. 이것이 이사야 예언서 구절의 배경입니다.

　하느님은 이사야 예언자를 통해 아하즈 임금에게 표징을 청하라고 말씀하십니다. 표징을 청하라는 하느님의 말씀은 주님이 이스라엘과 함께하신다는 것을 분명히 보여 주려는 것입니다. 오래전, 판관 기드온은 이스라엘을 미디안족의 손에서 구하라는 명령과 함께 "내가 정녕 너와 함께 있겠다."라는 주님의 말씀에 표징을 청하여 받았고(판관 6,14-24 참조), 아하즈 임금의 후임인 히즈키야 임금도 자신의 병이 나은 후에 다시 성전에 오를 수 있다는 표징을 받습니다(2열왕 20,8-11 참조). 이러한 표징들은 이스라엘의 역사에 자주 등장합니다. 이는 눈에 보이는 힘에 의지하거나 그에 굴복하지 않고, 이집트 탈출이라는 엄청난 기적을 행하신 이스라엘의 하느님을 신뢰하며 위기를 극복하도록 이끄는 도구가 됩니다.

　그러나 아하즈 임금은 표징을 청하지 않는데, 여기서 그가 한 말이 흥미롭습니다. "저는 청하지 않겠습니다. 그리고 주님을 시험하지 않으렵니다."(이사 7,12) 하느님을 시험하지 않겠다는 아하즈 임금의 말이 그럴듯해 보이기도 합니다. 하지만 사실 그는 주님이 친히 표징을 청하라고 하시는데도 이를 거부하는 것입니다. 지금은 아하즈 임금이 하느님께 표징을 청하는 것이 하느님의 뜻인데도, 아하즈 임금은 자신이 생각하는 길을 가기 위해 그분의 뜻을 외면하고 있는 것입니다.

　이에 이사야 예언자는 아하즈 임금을 꾸짖으며 "주님께서 몸소 여러분에게 표징을 주실 것입니다. 보십시오. 젊은 여인이 잉태하여 아들을 낳고 그 이름을 임마누엘이라 할 것입니다."라고 선언합니다.

그리스도교 교회는 처음부터 이 예언이 하느님의 아드님이 탄생함으로써 이루어졌다고 믿었습니다. '하느님께서 우리와 함께 계시다.'라는 뜻의 '임마누엘'이 곧 예수님이라고 믿어 온 것입니다(마태 1,22-23 참조). 그러면서 이 예언에 나오는 '젊은 여인'을 곧 처녀 마리아로 받아들였습니다. 구약 성경의 그리스어 번역본인《칠십인역》과 성경의 라틴어 번역본인《불가타》에서도 이 부분을 '처녀'로 번역했습니다.

이사야 예언서의 '젊은 여인'은 히브리어 본문에는 '알마'라고 되어 있는데, 이 단어는 처녀만이 아니라 이미 결혼한 젊은 여인을 의미하기도 합니다. 그래서 이 단어를 마리아가 아닌 다른 인물로 해석하려는 시도가 있었습니다.

대표적으로 이 예언에서의 '임마누엘'을 아하즈 임금의 아들 히즈키야 임금으로 보려는 견해가 있었습니다. 사실 히즈키야 임금은 아하즈 임금과는 달리 하느님 뜻에 충실한 사람이었고, 한때 이스라엘을 아시리아로부터 안전하게 지키기도 했습니다. 한편 마리아의 동정성을 의심하는 이들은 '알마'라는 단어를 근거로 삼기도 했습니다.

그러나 하느님의 계시와 예언은 그 말씀이 실제로 이루어지면서 그 의미가 분명해집니다. 계시와 예언의 언어는 그대로 보존되지만, 그 의미는 점점 커집니다. 마치 볼품없는 작은 씨앗이 자라나 꽃이나 나무가 되어 사람들의 눈에 아름답게 자라난 모습으로 들어오는 것처럼 말이지요.

'임마누엘', 곧 한 아이가 하느님의 이름으로 우리 가운데 있을 것이라는 이 엄청난 계시는 하느님의 아드님 예수님으로 완성됩니다. 그리고 '젊은 여인'으로 주어진 단어는 구원의 역사에서 '처녀'로 완성됩니다. 이렇게 창세기에서 악마에게 대적할 것이라고 예고된 여인은 이제 우리 가운데 하느님을 낳아 줄 젊은 여인으로 한 걸음 더 나아갑니다.

하느님이 함께하신다는 표징을 청하라는 말씀에도 아하즈 임금은 자신의 계획에 집착하여 하느님의 뜻을 묻지 않았습니다. 영성 생활에서 가장 위험한 것은 더 이상 하느님의 뜻을 묻지 않는 것입니다. 예수님께 대적하던 율법 학자와 바리사이들은 그 당시 어느 누구보다도 하느님의 법을 열심히 연구하며 이를 경건하게 실천하던 사람들이었습니다. 그러나 정작 그들은 '지금 여기에서' 활동하시는 하느님께 관심을 기울이지 않았습니다.

하느님에 대해 잘 알기에 누구보다도 하느님의 뜻을 물을 수도 있는 사람들이었지만, 그들은 하느님을 자신에게 익숙해진 것만큼 축소시켜 버렸기에 그들에게 하느님은 더 이상 새로울 수 없었습니다. 하느님은 이웃과 주변의 상황들을 통해, 또한 여러 가지 방법으로 우리에게 말씀하십니다. 이제 우리는 이렇게 말씀하시는 하느님께 마리아가 얼마나 마음을 열고 있었는지 보게 될 것입니다.

여인이 아이를 낳을 때까지
주님은 그들을 내버려 두리라

¹그러나 너 에프라타의 베들레헴아, 너는 유다 부족들 가운데에서 보잘것없지만 나를 위하여 이스라엘을 다스릴 이가 너에게서 나오리라. 그의 뿌리는 옛날로, 아득한 시절로 거슬러 올라간다. ²그러므로 해산하는 여인이 아이를 낳을 때까지 주님은 그들을 내버려 두리라. 그 뒤에 그의 형제들 가운데 남은 자들이 이스라엘 자손들에게 돌아오리라. ³그는 주님의 능력에 힘입어 주 그의 하느님 이름의 위엄에 힘입어 목자로 나서리라. 그러면 그들은 안전하게 살리니 이제 그가 땅끝까지 위대해질 것이기 때문이다. (미카 5,1-3)

미카 예언자는 이사야 예언자와 거의 동시대 인물입니다. 이 시기는 앞서 이사야 예언서를 살펴볼 때 이야기한 것처럼 아시리아의 침공이 눈앞에 다가온 시기였습니다. 미카 예언자는 이미 북이스라엘의 멸망을 보았고, 이어 남유다 역시 하느님의 심판을 면하지 못하리라는 예언을 전합니다.

그러나 인간의 약함을 통해서 뜻을 이루시는 하느님은 당신의 선택을 거두지 않으십니다. 사실 아브라함도, 모세도, 성왕이라 불리는 다윗 임금도, 하느님의 지혜를 받았다는 솔로몬 임금도 주님의 뜻을 온전히 따르지 못했고 많은 약점을 보였습니다. 예언자들은 죄에 깊이 빠진 이스라엘 백성의 멸망을 예고하면서도 하느님이 당신 백성을 다시 일으켜 주실 것이라고 전합니다.

이러한 구원의 역사를 위하여 미카 예언자가 베들레헴에서 태어날 것이라고 선포하는 인물은 구약의 메시아와 깊은 관련이 있습니다.

우선 '옛날부터 내려오는 뿌리를 가지고 이스라엘을 다스릴 인물'은 다윗 임금의 후손에서 영원히 굳건한 왕권을 주시리라는 나탄 예언자의 예언(2사무 7,11-16 참조)을 잇는 것입니다. 그리고 이사야 예언자도 다윗 임금의 후손인 이사이의 뿌리에서 새싹이 움트고 민족들이 그에게 찾아들 것이라고 예언했습니다(이사 11,1.10 참조).

'주 그의 하느님 이름의 위엄에 힘입어 나설 목자'는 에제키엘 예언서를 반영합니다. 에제키엘 예언자는 하느님이 이스라엘 백성 가운데 세우신 목자들의 불의한 행위를 질책하며, 그들 위에 유일한 목자로 다윗을 세우시겠다는 하느님의 말씀을 선포했습니다(에제 34장 참조). 여기에서의 '다윗'은 다윗 임금의 후손에서 나올 메시아를 말하는데, 이 메시아가 다스릴 때 그것은 곧 하느님 친히 다스리는 것과 같다는 말씀입니다.

동방 박사들이 예수님을 찾아 경배하려고 했을 때, 이에 당황한 헤로데 임금이 수석 사제들과 율법 학자들을 시켜 찾아낸 예언이 바로 위에서 말한 배경을 갖고 있는 미카 예언서의 예언이었습니다(마태 2,1-6 참조).

그런데 이 예언에도 한 여인이 등장합니다. 즉 '해산하는 여인'이라는 표현이 나오는데, 이는 메시아를 낳아 줄 여인입니다. 우리 가운데 하느님의 아드님 예수님을 낳은 마리아가 바로 이 예언의 '해산하는 여인'입니다. 창세기에서 악마에 대적하도록 예언된 여인이 이사야 예언서에서 하느님을 우리 가운데 있게 해 줄 인물로 선포되었습니다. 여기에서 한 걸음 더 나아가 미카 예언서는 다윗 임금의 가문에서 메시아를 주신다는 하느님의 오랜 약속을 이 여인의 해산과 결합시키고 있습니다.

하느님이 아브라함에게 하신 약속대로, 이스라엘 백성은 약속의 땅을 차지하고 나라를 건설하며 한때 크게 번창했습니다. 그러나 이스라엘 백성은 약속의 땅에서 하느님을 올바로 섬기지 못했습니다. 하느님이 그들을 이집트의 종살이에서 해방시키고 자유를 주셨지만, 그들은 우상 숭배를 하고 가난한 이들을 착취하며 약속의 땅을 다시 억압과 폭력의 땅으로 만들어 버렸습니다.

하느님은 예언자들을 통해 이러한 이스라엘 백성이 그 땅에서 그대로 살 자격이 없다고 수없이 질책하시며, 이방인의 땅에 끌려가 비참하게 살아갈 것이라는 유배의 역사를 선포하셨습니다. 그러면서도 그들이 고통의 단련을 받고 살아남아 고향으로 다시 돌아오게 하겠다고 약속하셨습니다.

이 회복의 역사는 단지 고국으로의 귀환만을 의미하지 않습니다. 온갖 기적과 은총을 체험하고도 스스로의 힘과 의지로는 하느님 안에 충실히 남아 있지 못하는 인간에게, 하느님이 친히 이스라엘을 넘어 세상 모든 민족을 구원하신다는 약속이 담겨 있는 것입니다. 이것이 바로 메시아의 약속입니다. 그리고 이 약속 안에서 한 여인이 중요한 인물로 등장합니다.

하느님 계획 안에서의 마리아

⁴때가 차자 하느님께서 당신의 아드님을 보내시어 여인에게서 태어나 율법 아래 놓이게 하셨습니다. ⁵율법 아래 있는 이들을 속량하시어 우리가 하느님의 자녀 되는 자격을 얻게 하시려는 것이었습니다. ⁶진정 여러분이 자녀이기 때문에 하느님께서 당신 아드님의 영을 우리 마음 안에 보내 주셨습니다. 그 영께서 "아빠! 아버지!" 하고 외치고 계십니다. (갈라 4,4-6)

바오로 사도는 하느님의 아드님 예수님의 탄생에 대해 먼저 '때가 차서' 이루어진 일이라고 선포합니다. 예수님은 공생활을 시작하시며 "때가 차서 하느님의 나라가 가까이 왔다. 회개하고 복음을 믿어라." (마르 1,15)라고 말씀하신 바 있습니다. 구약의 긴 역사를 통해 인류 구원을 준비해 오신 하느님의 결정적인 때가 이르렀다는 말씀이지요. 신약의 다른 서간에서는 '마지막 때'라는 표현을 쓰기도 합니다. "하느님께서 예전에는 예언자들을 통하여 여러 번에 걸쳐 여러 가지 방식으로 조상들에게 말씀하셨지만, 이 마지막 때에는 아드님을 통하여 우리에게 말씀하셨습니다."(히브 1,1-2)

하느님이 기다려 오신 이 마지막 때에 하느님은 당신의 아들을 이 세상에 보내시어 한 여인의 몸에서 태어나게 하셨습니다. 여기서 바오로 사도는 하느님의 아드님이 우리와 똑같은 인간으로 오셨음을 분명하게 선포합니다.

'참하느님이시며 참사람이신' 예수 그리스도를 믿는 것은 그리스도교 신앙에서 가장 중요하며 기초적인 것입니다. 초대 교회의 기나긴 역사에서 이 문제를 놓고 많은 신학적 논쟁이 있었고, 여기에서 여러 이단이 생기기도 했습니다.

예수님이 하느님의 아드님이심은 믿지만, 우리와 똑같은 인간이 되셨음을 믿기 어려워한 사람들이 있었습니다. 그들은 하느님의 아드님이 정말 인간이 된 것이 아니라 겉모습만 사람의 모습을 취했다고 주장했습니다. 이런 주장을 '가현설假現說'이라고 부릅니다.

한편, 예수님이 본래 우리와 똑같은 인간인데 보통 사람들과 달리 하느님의 뜻을 깊이 깨달아 하느님의 나라를 온전히 선포했고, 이를 보신 하느님이 인간 예수님을 당신의 아들로 인정해 주셨다고 생각한 사람들도 있었습니다. 이것을 '양자설養子說'이라고 합니다. 이와 같은 이론들은 하느님이 이루신 구원의 신비를 인간의 이성 안에서 이해하려는 시도에서 나온 것이었습니다.

그러나 하느님의 아드님은 우리와 똑같은 인간이 되셨기에, 악마의 유혹을 받으셨습니다. 그리고 그분이 우리와 똑같은 인간이 되셨기에, 그분이 당한 고통은 진실하고, 그분의 십자가 상 죽음이 우리가 받아야 할 고통을 대신하는 속죄의 힘이 있는 것입니다. 하느님의 아드님이 "여인에게서 태어나 율법 아래 놓이게 하셨다."라는 것은 이렇게 그분이 우리와 같은 조건에서 태어나셨고 우리와 모든 점에서 똑같은 인간이 되셨음을 나타내는 것입니다.

여기서 바오로 사도는 굳이 여인에 대해 특별한 설명을 하지는 않습니다. 그러나 이 여인이, 하느님이 당신의 아들을 우리와 똑같은 인간으로 태어나게 하시는 도구가 되었다는 사실이 여기에 들어 있습니다. 창세기와 여러 예언서들을 통해 하느님의 구원 역사에서 특별한 역할을 할 것으로 예언된 여인이 이렇게 신약에서 더욱 구체화됩니다.

마리아는 여느 어머니처럼 자신의 몸 안에 하느님의 아드님을 잉태하여 우리와 똑같은 인간으로 태어나게 할 것입니다. 우리는 이제 복음서와 사도행전을 통해 하느님의 선택을 받은 마리아가 하느님의 계획을 이루기 위해 어떻게 응답했는지, 또 어떻게 하느님의 뜻에 따라 살았는지 보게 될 것입니다. 사실 이러한 마리아의 일생은 하느님의 부르심을 받은 사람들이 어떻게 그 부르심에 충실히 응답할 수 있는지를 잘 보여 주는 단적인 예입니다.

예수님의 족보

¹다윗의 자손이시며 아브라함의 자손이신 예수 그리스도의 족보.

²아브라함은 이사악을 낳고 이사악은 야곱을 낳았으며 야곱은 유다와 그 형제들을 낳았다. ³유다는 타마르에게서 페레츠와 제라를 낳고 페레츠는 헤츠론을 낳았으며 헤츠론은 람을 낳았다. ⁴람은 암미나답을 낳고 암미나답은 나흐손을 낳았으며 나흐손은 살몬을 낳았다. ⁵살몬은 라합에게서 보아즈를 낳고 보아즈는 룻에게서 오벳을 낳았다. 오벳은 이사이를 낳고 ⁶이사이는 다윗 임금을 낳았다.

다윗은 우리야의 아내에게서 솔로몬을 낳고, ⁷솔로몬은 르하브암을 낳았으며 르하브암은 아비야를 낳고 아비야는 아삽을 낳았다. ⁸아삽은 여호사팟을 낳고 여호사팟은 여호람을 낳았으며 여호람은 우찌야를 낳았다. ⁹우찌야는 요탐을 낳고 요탐은 아하즈를 낳았으며 아하즈는 히즈키야를 낳았다. ¹⁰히즈키야는 므나쎄를 낳고 므나쎄는 아몬을 낳았으며 아몬은 요시야를 낳았다. ¹¹요시야는 바빌론 유배 때에 여호야킨과 그 동생들을 낳았다.

¹²바빌론 유배 뒤에 여호야킨은 스알티엘을 낳고 스알티엘은 즈루빠벨을 낳았다. ¹³즈루빠벨은 아비훗을 낳고 아비훗은 엘야킴을 낳았으며 엘야킴은 아조르를 낳았다. ¹⁴아조르는 차독을 낳고 차독은 아킴을 낳았으며 아킴은 엘리웃을 낳았다. ¹⁵엘리웃은 엘아자르를 낳고 엘아자르는 마탄을 낳았으며 마탄은 야곱을 낳았다. ¹⁶야곱은 마리아의 남편 요셉을 낳았는데, 마리아에게서 그리스도라고 불리는 예수님께서 태어나셨다.

¹⁷그리하여 이 모든 세대의 수는 아브라함부터 다윗까지가 십사 대이고, 다윗부터 바빌론 유배까지가 십사 대이며, 바빌론 유배부터 그리스도까지가 십사 대이다. (마태 1,1-17)

신약 성경의 첫 장은 아브라함에서 예수님에 이르는 족보로 시작합니다. 구약 시대가 끝나고 예수님에게서 구원의 역사가 새롭고 결정적으로 이루어짐을 선언하는 것입니다.

이 족보는 전체적으로 '~가 ~를 낳고' 하는 형식으로 되어 있습니다. 그러면서 중간 중간에 이러한 형식을 넘어서는 몇 가지 특별한 이야기가 들어 있는데, 이 이야기가 족보의 의미를 이해하는 데에 매우 중요한 요소입니다.

첫 번째로, 네 여인 곧 타마르와 라합 그리고 룻과 우리야의 아내(밧세바)가 나옵니다. 타마르는 자신의 자리를 지키기 위해 시아버지 유다의 아이를 가진 여인이었고, 라합은 가나안 땅의 창녀였습니다. 룻은 이방인의 여자였고, 밧 세바는 우리야의 아내로 다윗 임금이 그녀를 임신시키고 그 죄를 감출 수 없자, 우리야를 죽인 뒤에 취한 여인이었습니다. 하느님은 당신 아들의 족보에 이런 여인을 숨기지 않고 남겨 주셨습니다. 세상의 죄를 대신 지고 돌아가실 하느님의 아드님이, 세상 사람들이라면 자신들의 가계에서 감추고 싶은 혈통을 당신의 족보에 그대로 수용하고 보여 주시기에 더욱 감동으로 다가옵니다.

두 번째로, 아브라함에서 다윗 임금, 다윗 임금에서 바빌론 유배 그리고 바빌론 유배에서 그리스도까지 14대를 세 차례 지났다고 나옵니다. 성경에서 무엇인가 꽉 찼음을 표현할 때, 숫자 10과 7을 상징적으로 사용합니다. 물건을 셀 때에는 10 다음이 11로, 다시 1로 돌아오기 때문에 10은 아주 많거나 꽉 찬 것을 상징합니다. 또한 시간은 일요일에서 한 주간이 지나면 다시 일요일이 되기에 7은 꽉 찬 것을 상징합니다.

예를 들어, 구약의 욥기를 보면 경건하게 살던 욥이 아주 많은 재산을 모았다고 하며 그의 재산이 "양이 7천 마리, 낙타가 3천 마리, 겨릿소가 5백 쌍, 암나귀가 5백 마리"(욥 1,3)라고 나옵니다. 여기서 7과 3을 더하고, 5와 5를 더하면 10이 됩니다. 그리고 시간이 꽉 차고 다시 시작할 때의 7이라는 숫자는, 7일마다 오는 안식일, 7년마다 오는 안식년 그리고 7년을 일곱 번 거친 다음 해에 오는 희년 등에서 사용됩니다.

한편, 14는 7의 두 배로, 때가 차고 넘쳤다는 의미입니다. 그렇다면 예수님의 족보는 그것을 세 번이나 반복한 시간인 것입니다. 곧 구약의 긴 역사를 통해 하느님이 약속하신 그리스도가 오시기에 때가 꽉 찼음을 의미하는 숫자입니다. 앞에서 본 것처럼 예수님, 그리고 바오로 사도가 '때가 찼음'을 언급한 것을, 여기에서는 예수님 족보의 세대 수로 표현한 것이지요.

세 번째로, '~가 ~를 낳고' 하는 형식의 족보가 예수님께 와서는 "마리아에게서 그리스도라고 불리는 예수님께서 태어나셨다."라고 되어 있습니다. 마리아가 성령으로 말미암아 예수님을 잉태한 것을 이렇게 표현한 것입니다. 마태오 복음서에서는 이 족보 바로 다음 구절(마태 1,18 참조)에 이것을 분명히 하고 있습니다.

하느님이 아브라함을 부르시면서 시작된 구원의 역사에서 이스라엘 백성은 약속의 땅을 차지했지만, 자신들이 저지른 죄로 인해 그 땅을 잃고 유배 생활을 겪으며 깊은 반성의 시간을 오랫동안 가졌습니다. 그 고통의 과정에서 그들은 구원이 사람의 의지가 아니라, 오로지 하느님의 자비에 달려 있음을 깨달았습니다. 그리고 고국으로 돌아온 그들은 자신들을 구원해 줄 메시아를 기다립니다. 이것은 하느님이 기다리던 시간이었고, 드디어 때가 차자, 하느님이 미리 택하신 마리아를 통해 그리스도가 이 세상에 오시게 됩니다.

예수님의 탄생 예고

²⁶여섯째 달에 하느님께서는 가브리엘 천사를 갈릴래아 지방 나자렛이라는 고을로 보내시어, ²⁷다윗 집안의 요셉이라는 사람과 약혼한 처녀를 찾아가게 하셨다. 그 처녀의 이름은 마리아였다.

²⁸천사가 마리아의 집으로 들어가 말하였다. "은총이 가득한 이여, 기뻐하여라. 주님께서 너와 함께 계시다." ²⁹이 말에 마리아는 몹시 놀랐다. 그리고 이 인사말이 무슨 뜻인가 하고 곰곰이 생각하였다.

³⁰천사가 다시 마리아에게 말하였다. "두려워하지 마라, 마리아야. 너는 하느님의 총애를 받았다. ³¹보라, 이제 네가 잉태하여 아들을 낳을 터이니 그 이름을 예수라 하여라. ³²그분께서는 큰 인물이 되시고 지극히 높으신 분의 아드님이라 불리실 것이다. 주 하느님께서 그분의 조상 다윗의 왕좌를 그분께 주시어, ³³그분께서 야곱 집안을 영원히 다스리시리니 그분의 나라는 끝이 없을 것이다."

³⁴마리아가 천사에게, "저는 남자를 알지 못하는데, 어떻게 그런 일이 있을 수 있겠습니까?" 하고 말하자, ³⁵천사가 마리아에게 대답하였다. "성령께서 너에게 내려오시고 지극히 높으신 분의 힘이 너를 덮을 것이다. 그러므로 태어날 아기는 거룩하신 분, 하느님의 아드님이라고 불릴 것이다. ³⁶네 친척 엘리사벳을 보아라. 그 늙은 나이에도 아들을 잉태하였다. 아이를 못낳는 여자라고 불리던 그가 임신한 지 여섯 달이 되었다. ³⁷하느님께는 불가능한 일이 없다."

³⁸마리아가 말하였다. "보십시오, 저는 주님의 종입니다. 말씀하신 대로 저에게 이루어지기를 바랍니다." 그러자 천사는 마리아에게서 떠나갔다. (루카 1,26-38)

하느님의 뜻에 따라 마리아를 찾아온 가브리엘 대천사는 특별한 인사말을 건넵니다. "은총이 가득한 이여"라는 말은 천사가 마리아를 부르는 말로서, 성경에서 거의 유일하게 이 부분에서만 나옵니다. 비슷한 예로 모세가 죽기 전에 이스라엘 자손들을 축복하면서 납탈리 지파에게 "은총이 충만하고 주님의 복이 가득한 납탈리"(신명 33,23)라고 했지만, 한 개인이 이렇게 불린 것은 마리아가 유일합니다.

천사는 마리아에게 "주님께서 너와 함께 계시다."라고 합니다. 이 말은 구약에 여러 차례 나오는데, 하느님이 어떤 사람을 선택하여 일을 맡기시는 소명 사화 혹은 당신의 약속을 이루어 주신다고 확인을 해 줄 때 하신 말씀입니다(창세 26,24; 28,15; 탈출 3,12; 판관 6,12; 예레 1,8.19; 15,20 참조). 가브리엘 대천사는 이렇게 마리아에게 "은총이 가득한 이여" 그리고 "주님께서 너와 함께 계시다."라는 인사말로 주님이 마리아를 선택하여 마리아에게 구원 역사를 이루기 위한 도구가 되라는 소명을 주신다는 뜻을 전하고 있습니다.

마리아는 천사의 인사말에 특별한 뜻이 있음을 느끼지만 그것이 무엇인지 알 수 없어 생각에 잠깁니다. 의미를 곧바로 알 수 없는 일을 만나면 그것을 마음속에 새기고 곰곰이 생각하는 것이 마리아의 특징입니다. 요한 세례자의 아버지, 즈카르야가 천사를 보고 놀라 두려움에 사로잡히며 표징을 요구하는 것(루카 1,12.18-20 참조)과는 대조를 이루지요. 프란치스코 교황은 이러한 마리아에 대해 일상생활 안에 깃든 하느님의 신비를 바라보는 분이라고 했습니다(교황 권고 〈복음의 기쁨〉 288항 참조).

생각에 잠긴 마리아에게 천사는 그녀가 잉태하여 아들을 낳을 것인데, 그분은 하느님의 아드님이며 오랜 옛날 다윗 가문에 약속하신 분 곧 메시아라고 말합니다. 마리아는 "저는 남자를 알지 못하는데, 어떻게 그런 일이 있을 수 있겠습니까?" 하고 묻습니다. 마리아의 이 질문은 두려움이나 불신에서 오는 것이 아닙니다. 그다음 천사의 대답을 듣고 즉시 순종하는 마리아의 모습에서 이것을 잘 알 수 있습니다. 마리아는 천사가 전하는 신비를 알아듣고 싶어 하는 것입니다.

천사는 마리아에게 성령이 내려오실 것이며 하느님의 힘이 마리아를 덮을 것이라고 말합니다. 그리고 마리아의 친척 엘리사벳이 나이가 많음에도 아이를 가진 것은 하느님이 하신 일이라고 알려 줍니다.

이 말을 들은 마리아는 즉시 "저는 주님의 종입니다. 말씀하신 대로 저에게 이루어지기를 바랍니다."라고 대답합니다. 성경에서 '주님의 종'이라는 말은 하느님의 뜻을 따르는 사람들에게 폭넓게 쓰이지만, 사적으로 이렇게 불린 사람들도 있습니다. 대표적으로 모세와 다윗 임금을 들 수 있습니다. 마리아는 스스로를 '주님의 종'이라고 부름으로써 자신이 처녀의 몸으로 잉태하게 될 것임을 그대로 믿을 뿐 아니라, 주님의 뜻이 말씀대로 자신에게 이루어지기를 바란다며 자신의 미래를 주님의 섭리에 내맡깁니다.

주님을 믿는 사람은 주님의 섭리를 바라고 믿습니다. 하느님의 섭리는 우리 가운데에서 작용하지만 우리의 인식을 뛰어넘는 신비입니다. 하느님 친히 이끌어 가시는 구원의 신비이기 때문이지요. 이러한 신비가 눈앞에 다가와도 우리는 이것을 다 이해할 수 없습니다. 하지만 하느님의 자비가 필요하다는 것을 아는 사람은 거기에 마음을 열고 받아들입니다.

마리아는 하느님의 자비에 대한 믿음과 희망이 가득했던 여인이었습니다. 마리아는 우리를 구원하시려는 하느님의 사랑에 자신을 내어 놓는 사랑으로 응답한 것입니다.

마리아를 받아들인 요셉

¹⁸예수 그리스도께서는 이렇게 탄생하셨다. 그분의 어머니 마리아가 요셉과 약혼하였는데, 그들이 같이 살기 전에 마리아가 성령으로 말미암아 잉태한 사실이 드러났다. ¹⁹마리아의 남편 요셉은 의로운 사람이었고 또 마리아의 일을 세상에 드러내고 싶지 않았으므로, 남모르게 마리아와 파혼하기로 작정하였다.

²⁰요셉이 그렇게 하기로 생각을 굳혔을 때, 꿈에 주님의 천사가 나타나 말하였다. "다윗의 자손 요셉아, 두려워하지 말고 마리아를 아내로 맞아들여라. 그 몸에 잉태된 아기는 성령으로 말미암은 것이다. ²¹마리아가 아들을 낳으리니 그 이름을 예수라고 하여라. 그분께서 당신 백성을 죄에서 구원하실 것이다."

²²주님께서 예언자를 통하여 하신 말씀이 이루어지려고 이 모든 일이 일어났다. 곧 ²³"보아라, 동정녀가 잉태하여 아들을 낳으리니 그 이름을 임마누엘이라고 하리라." 하신 말씀이다. 임마누엘은 번역하면 '하느님께서 우리와 함께 계시다.'

는 뜻이다.

²⁴잠에서 깨어난 요셉은 주님의 천사가 명령한 대로 아내를 맞아들였다. ²⁵그러나 아내가 아들을 낳을 때까지 잠자리를 같이하지 않았다. 그리고 아들의 이름을 예수라고 하였다. (마태 1,18-25)

마태오 복음서는 예수님의 족보에 이어 마리아의 약혼자 요셉의 이야기를 전합니다. 이 이야기는 요셉 역시 마리아와 더불어 예수님의 탄생을 위해 하느님의 선택을 받은 인물임을 보여 줍니다.

모세의 율법에는 약혼한 여인이 다른 남자와 간음할 경우 남녀 모두를 돌로 쳐 죽이도록 되어 있습니다(신명 22,23-24 참조). 그러나 요셉은 마리아의 잉태 사실에 어떤 분노도 드러내지 않고, 그 정황을 파악하려고도 하지 않습니다. 오히려 마리아와 남몰래 파혼하기로 결심합니다. 사랑하는 약혼자가 다른 남자의 아이를 가졌다고 생각한 요셉은 마리아가 원한다면 그 남자에게 갈 수 있도록 자유롭게 해 주려던 것입니다. 이렇게 요셉은 선한 사람이었습니다.

그러나 사람의 선한 생각도 하느님의 계획과 같지 않을 때가 있습니다. 하느님은 요셉에게 천사를 보내시어 마리아를 아내로 받아들이라고 하십니다. 여기에서 요셉이 어떤 사람인지 보다 분명하게 알 수 있습니다. 마리아가 가브리엘 대천사의 말에 "저는 주님의 종입니다. 말씀하신 대로 저에게 이루어지기를 바랍니다."라고 응답했던 것처럼, 요셉도 천사가 전하는 하느님의 뜻을 그대로 받아들입니다. 이렇게 요셉은 하느님께 응답하는 데 있어 마리아와 아주 비슷한 사람이었습니다. 하느님은 다윗 임금의 가문에서 이러한 인물을 선택하셨고, 이를 통해 '다윗 임금의 후손'에서 메시아를 주신다는 당신의 약속을 이루십니다.

메시아 탄생을 위해 선택된 인물은 마리아만이 아닙니다. 예수님을 낳아 준 사람은 마리아이지만, 자신의 최선을 넘어 하느님의 뜻을 받아들이며, 다윗 임금의 가문에서 그리스도가 태어나도록 한 인물은 요셉입니다. 그는 사랑하는 사람을 위해 자신의 모든 것을 포기할 만큼 선했지만, 한편으로 하느님의 뜻을 듣고 순종하려는 마음의 준비가 늘 되어 있는 사람이었습니다. 이것은 그리스도인이 진정한 영적 삶을 살기 위해 지녀야 할 태도라고 할 수 있습니다.

하느님은 마리아에게 세상 창조 때부터 약속하신 메시아의 어머니가 되는 은총뿐만 아니라, 그녀를 지극히 사랑하며 훌륭하게 지켜 줄 요셉 또한 그녀 삶의 동반자로 주신 것입니다.

마리아의 엘리사벳 방문

³⁹그 무렵에 마리아는 길을 떠나, 서둘러 유다 산악 지방에 있는 한 고을로 갔다. ⁴⁰그리고 즈카르야의 집에 들어가 엘리사벳에게 인사하였다.

⁴¹엘리사벳이 마리아의 인사말을 들을 때 그의 태 안에서 아기가 뛰놀았다. 엘리사벳은 성령으로 가득 차 ⁴²큰 소리로 외쳤다. "당신은 여인들 가운데에서 가장 복되시며 당신 태중의 아기도 복되십니다. ⁴³내 주님의 어머니께서 저에게 오시다니 어찌 된 일입니까? ⁴⁴보십시오, 당신의 인사말 소리가 제 귀에 들리자 저의 태 안에서 아기가 즐거워 뛰놀았습니다. ⁴⁵행복하십니다, 주님께서 하신 말씀이 이루어지리라고 믿으신 분!" (루카 1,39-45)

마리아는 예수님의 잉태를 전하는 가브리엘 대천사에게서 하느님이 나이 많은 엘리사벳에게 아기를 갖게 하셨음을 알게 됩니다. 천사가 떠난 뒤, 마리아는 엘리사벳을 찾아갑니다. 마리아가 서둘러 갔다는 표현에서 마리아가 엘리사벳과 함께해야 한다는 강한 내적 충동을 받았음을 느낄 수 있습니다. 구약에서 아브라함이 하느님의 부르심을 받고 즉시 떠난 것을 연상할 수 있지요.

과연 하느님은 엘리사벳을 통해 마리아에게 말씀하십니다. 마리아의 방문을 받고 성령으로 가득 찬 엘리사벳은 마리아가 여인들 가운데 가장 복되고 태중의 아기 또한 복되다고 노래합니다. 이 노래는 "은총이 가득한 이여, 기뻐하여라. 주님께서 너와 함께 계시다."(루카 1,28)라는 가브리엘 대천사의 인사말과 함께 교회가 매일 바치는 '성모송'이 되었습니다. '성모송'은 이렇게 천사가 전해 준 언어, 그리고 성령의 언어로 이루어진 것입니다.

엘리사벳은 마리아의 인사말이 귀에 들리자마자 배 속 아기가 뛰놀았다고 말합니다. 참으로 신비한 장면이 아닐 수 없습니다. 엘리사벳은 임신한 지 6개월이 되었고, 마리아는 성령으로 말미암아 이제 막 잉태했는데, 장차 요한 세례자가 될 태중의 아기가 주님을 알아보고 용약했다고 엘리사벳이 고백하는 것입니다. 이것은 예수님과 요한 세례자 사이에 이루어질 일을 미리 보여 주는 예언이기도 합니다. 자신의 주인을 알아보고 기뻐 뛰노는 이 태중 아기는 그 주인을 위해 순교할 소명이 있기에, 이 장면에서 우리는 신비로우면서도 숙연함을 느낍니다.

엘리사벳이 마리아에게 바친 노래의 마지막 부분(루카 1,45 참조)은 행복 선언입니다. 예수님이 산 위에서 행복 선언을 하시기에 앞서(마태 5,1-12 참조) 성령이 엘리사벳의 입을 통해 마리아에게 행복을 말씀하십니다. 그러나 우리는 마리아의 일생이 사람들이 흔히 생각하는 행복한 삶이 아니라는 것을 잘 알고 있습니다.

마태오 복음서의 행복 선언 가운데 예수님 때문에 모욕당하고 박해받으며 거짓과 사악한 말을 듣는 이들이 행복하다는 말씀(마태 5,11-12 참조)이 마리아의 귀에 들어오고, 엘리사벳 태중의 아기 요한 세례자는 그 행복에 기뻐 뛰놀고 있습니다.

엘리사벳이 마리아가 행복하다고 노래한 이유는 "주님께서 하신 말씀이 이루어지리라고 믿으신 분"이기 때문입니다. 엘리사벳은 마치 마리아가 가브리엘 대천사를 만났던 일 그리고 천사의 말에 마리아가 "보십시오, 저는 주님의 종입니다. 말씀하신 대로 저에게 이루어지기를 바랍니다."(루카 1,38)라고 응답했던 것까지 다 아는 듯이 말하고 있으니, 마리아의 놀라움이 얼마나 컸을지 상상할 수 있습니다.

엘리사벳의 인사말을 들으며 마리아는 자신이 왜 그렇게 서둘러 이곳에 달려오고 싶었는지 알게 되었을 것입니다. 이제 우리는 마리아가 부르는 노래 '마니피캇'을 듣고, 그녀가 엘리사벳의 집에 석 달을 머문다는 이야기를 만날 것입니다. 이때는 마리아가 자신이 겪은 일과 엘리사벳의 인사말이 신비롭게 호응하는 장면을 다시 마음에 새기는 깊은 관상의 시간입니다.

마리아의 노래

⁴⁶그러자 마리아가 말하였다.

"내 영혼이 주님을 찬송하고 ⁴⁷내 마음이 나의 구원자 하느님 안에서 기뻐 뛰니 ⁴⁸그분께서 당신 종의 비천함을 굽어보셨기 때문입니다.

이제부터 과연 모든 세대가 나를 행복하다 하리니 ⁴⁹전능하신 분께서 나에게 큰일을 하셨기 때문입니다.

그분의 이름은 거룩하고 ⁵⁰그분의 자비는 대대로 당신을 경외하는 이들에게 미칩니다.

⁵¹그분께서는 당신 팔로 권능을 떨치시어 마음속 생각이 교만한 자들을 흩으셨습니다. ⁵²통치자들을 왕좌에서 끌어내리시고 비천한 이들을 들어 높이셨으며 ⁵³굶주린 이들을 좋은 것으로 배불리시고 부유한 자들을 빈손으로 내치셨습니다.

⁵⁴당신의 자비를 기억하시어 당신 종 이스라엘을 거두어 주셨으니 ⁵⁵우리 조상

들에게 말씀하신 대로 그 자비가 아브라함과 그 후손에게 영원히 미칠 것입니다."

⁵⁶마리아는 석 달가량 엘리사벳과 함께 지내다가 자기 집으로 돌아갔다. (루카 1,46-56)

 마리아를 맞이한 엘리사벳이 성령으로 가득 차 마리아에게 놀라운 인사말을 건네자, 마리아는 하느님이 당신 백성을 구원하며 드러내시는 자비를 찬미합니다. 마리아는 노래의 시작에서 "내 영혼"과 "내 마음"이라는 말로 이 노래가 자신의 가장 깊은 내면에서 나오는 진실한 감동의 노래라고 고백합니다.

 마리아의 노래(마니피캇)는 구약의 한나의 노래(1사무 2,1-10 참조)와 자주 비교됩니다. 두 노래 모두 서두에 하느님을 찬미하며 기뻐 뛰는 마음을 표현하고, 세상의 힘과 권세들이 하느님 앞에서 무너지며 가난한 이들이 위로받고 일어서는 상황을 묘사합니다.

 그러나 마리아의 노래는 문학적인 아름다움과 신학적인 부분에서 한나의 노래를 뛰어넘습니다. 마리아의 노래는 아브라함으로부터 시작되고 그 후손들에게 영원히 계속될 하느님 자비의 역사를 노래하기에, 개인을 넘어서고 시대를 넘어서 하느님 백성 전체의 노래가 됩니다. 이것이 바로 이 노래를 '교회의 노래'라고 하는 이유입니다. 마리아는 자신의 마음이 "기뻐 뛴다."라고 했는데, 사실 이 동사는 교회 전례 안에서 특별히 쓰이는 말입니다. 성경이나 교회 전례서에서 '용약한다' 혹은 '기뻐한다'고 한 부분이 이 단어로부터 유래된 것이 많기 때문입니다.

이 노래 시작 부분에서의 기쁨의 표현은 구약의 하바쿡 예언서에 "나는 주님 안에서 즐거워하고 내 구원의 하느님 안에서 기뻐하리라."(하바 3,18)와 아주 비슷합니다.

마리아가 "이제부터 과연 모든 세대가 나를 행복하다 하리니"라고 노래한 것은 오늘날 우리가 마리아를 바라보는 데에 있어 매우 중요한 의미가 담겨 있습니다. 이미 엘리사벳이 성령을 통해 마리아가 복된 여인이라고 인사를 했는데, 여기에서 마리아는 그 말을 이어받아 모든 세대가 엘리사벳처럼 '자신을 행복하다' 하리라고 예언합니다. 그리고 그 이유로 하느님이 자신에게 "큰일을 하셨기 때문"이라고 말합니다.

성경에서 하느님이 "큰일을 하셨다."라고 할 때, 그것은 이집트 탈출의 역사, 성령 강림의 기적 등과 같이 구원과 관련된 특별한 일을 의미합니다(신명 10,21; 사도 2,11 참조). 하느님이 이룩하시려는 구원의 도구가 된 마리아가 참으로 복된 것은 말할 것도 없지만, 이제 주님을 믿는 모든 세대가 마리아를 통하여 그 복을 누릴 것이기에 그들이 마리아를 칭송하는 것 또한 당연한 일입니다.

이런 고백을 한 후, 마리아는 하느님에 대해 노래합니다. 루카 복음서 1장 49절 후반부에서 시작하는 하느님 찬미의 중심 주제는 '자비'입니다. 52절과 53절은 이 세상에서 권세를 가진 통치자들과 부유한

자들이 내쳐지고 비천한 이들과 굶주린 이들이 들어 높여질 것이라는 노래입니다.

이것은 가진 자들을 적대시하는 것이 아닙니다. 힘에 의지하여 자신들의 세상을 만들어 가려는 끊임없는 인간적인 시도가 아니라, 결국은 인간을 사랑하시는 하느님 자비의 역사가 실현될 것이라는 확신의 노래입니다. 그래서 이 부분을 살펴보면 그 앞뒤에 하느님의 자비가 세 번이나 언급됩니다.

인간은 선악과를 먹으면 하느님처럼 될 수 있다고 한 뱀의 유혹에 떨어져 죽음의 지배를 받게 되었습니다. 그러나 하느님은 아브라함을 통해 당신 자비의 역사를 이루실 것을 약속하셨고 그것을 기억하셨는데, 이때가 바로 그 역사를 이루실 때인 것입니다. 하느님이 약속하신 자비의 역사는 사무엘 하권 7장에서의 메시아 약속은 물론, 이방 민족에까지 구원을 이루실 것이라는 예언자들의 예언을 실현하시는 것입니다.

하느님이 당신 백성을 구원하실 이 역사는 성령으로 말미암아 잉태되어 하느님의 아드님이라 불릴 아기를 통해 이루어질 것입니다. 그리고 바로 마리아가 그 아기를 잉태하도록 선택받았습니다. 이제 마리아는 이 일의 깊은 신비를 서서히 깨닫게 됩니다.

마구간에서 태어나신 예수님

¹그 무렵 아우구스투스 황제에게서 칙령이 내려, 온 세상이 호적 등록을 하게 되었다. ²이 첫 번째 호적 등록은 퀴리니우스가 시리아 총독으로 있을 때에 실시되었다. ³그래서 모두 호적 등록을 하러 저마다 자기 본향으로 갔다.

⁴요셉도 갈릴래아 지방 나자렛 고을을 떠나 유다 지방, 베들레헴이라고 불리는 다윗 고을로 올라갔다. 그가 다윗 집안의 자손이었기 때문이다. ⁵그는 자기와 약혼한 마리아와 함께 호적 등록을 하러 갔는데, 마리아는 임신 중이었다.

⁶그들이 거기에 머무르는 동안 마리아는 해산 날이 되어, ⁷첫아들을 낳았다. 그들은 아기를 포대기에 싸서 구유에 뉘었다. 여관에는 그들이 들어갈 자리가 없었던 것이다. (루카 2,1-7)

루카 복음서는 예수님이 태어나실 때의 상황을 상세하게 전해 줍니다. 아우구스투스 황제의 칙령에 따라 모든 사람이 호적 등록을 하러 자기 고향으로 가야만 했고, 이에 따라 요셉도 베들레헴으로 가게 됩니다.

사실 예수님의 탄생 시기와 퀴리니우스가 시리아 총독으로 있던 호적 등록의 시기 등을 연구한 사람들에 따르면 그 연대가 잘 맞지 않는다고 합니다. 그렇다고 해서 성경의 기록에 대한 의구심을 지닐 필요는 없습니다. 오히려 하느님의 아드님이 우리와 똑같은 인간으로 탄생하시는 신비가 인간의 연대로는 잡을 수 없는 하느님의 섭리라고 생각할 수 있습니다.

성경은 요셉이 "베들레헴이라고 불리는 다윗 고을"로 올라갔는데 그가 "다윗 집안의 자손"이기 때문이라고 함으로써, 메시아가 다윗 임금의 집안에서 탄생한다는 예언이 성취됨을 다시 한 번 확증해 줍니다. 또한 베들레헴이 이스라엘을 다스릴 메시아 탄생의 장소라는 예언도 확증해 줍니다(미카 5,1 참조).

요셉이 호적 등록을 위하여 베들레헴으로 올라갈 때 마리아도 함께합니다. 이때 마리아를 '약혼자'로 표현하고 있는데, 사본에 따라서는 '아내'라고 전하기도 합니다. 사실 이 차이는 그렇게 중요하지 않습니다. 두 사람이 함께 살기 전이기에 약혼자라 할 수 있지만, "다윗의 자손 요셉아, 두려워하지 말고 마리아를 아내로 맞아들여라."(마태 1,20)라고 한 천사의 말을 받아들인 요셉에게 마리아는 이미 아내입니다.

아직 법적으로는 약혼자이면서 만삭이 된 몸으로 요셉과 함께 힘겹게 베들레헴을 향해 가는 마리아의 발걸음을 통해, 하느님은 창세기에서 시작하여 "예언자들을 통하여 여러 번에 걸쳐 여러 가지 방식으로 조상들에게 말씀"(히브 1,1) 하신 약속을 그대로 성취하십니다.

우리의 지향과 계획이 잘 실현될 때만 우리가 하느님의 도구가 되는 것은 아닙니다. 오히려 우리 안에 다 담아낼 수 없는 하느님의 깊은 뜻은 우리의 생각을 거스를 때가 더 많습니다. 요셉이 임신한 마리아를 받아들일 때 그러했듯이 우리의 생각도 식별이 필요합니다. 마리아가 그러했듯이 우리가 힘겹고 고통스럽게 여기는 상황을 피하지 않고 그 길을 계속 걸어야 하느님이 안배하신 베들레헴에 이를 수 있습니다. 마리아는 말없이 평생 그 길을 걸었습니다.

이윽고 마리아가 아이를 낳았습니다. 메시아, 즉 그리스도가 탄생한 것입니다. 그런데 그분이 태어나 누워 계신 장소는 마구간의 말구유입니다. 이스라엘 백성은 오랫동안 메시아를 고대했지만, 그런 그들이 그분에게 내놓은 것은 말구유인 것입니다.

이것은 아주 상징적인 사건입니다. 메시아를 그토록 기다렸던 이스라엘 백성들은 그분이 오셔서 보여 주시는 하느님 나라를 받아들이지 못하고, 결국에는 그분을 십자가 죽음으로 몰아갔습니다. 하느님의 백성은 그분에게 처음에는 말구유를, 마지막에는 십자가를 내어 주었습니다. 이 모든 것을 내다보시는 하느님은 천사를 통해 목동들에게, 포대기에 싸여 구유에 누워 있는 아기를 보게 될 것이라고 하십니다. 그리고 그것이 그리스도가 탄생하시는 기쁜 소식의 표징이 될 것이라고 말씀하십니다(루카 2,12 참조).

하느님을 찬미하는 목동들

⁸그 고장에는 들에 살면서 밤에도 양 떼를 지키는 목자들이 있었다. ⁹그런데 주님의 천사가 다가오고 주님의 영광이 그 목자들의 둘레를 비추었다. 그들은 몹시 두려워하였다. ¹⁰그러자 천사가 그들에게 말하였다. "두려워하지 마라. 보라, 나는 온 백성에게 큰 기쁨이 될 소식을 너희에게 전한다. ¹¹오늘 너희를 위하여 다윗 고을에서 구원자가 태어나셨으니, 주 그리스도이시다. ¹²너희는 포대기에 싸여 구유에 누워 있는 아기를 보게 될 터인데, 그것이 너희를 위한 표징이다."

¹³그때에 갑자기 그 천사 곁에 수많은 하늘의 군대가 나타나 하느님을 이렇게 찬미하였다. ¹⁴"지극히 높은 곳에서는 하느님께 영광 땅에서는 그분 마음에 드는 사람들에게 평화!"

¹⁵천사들이 하늘로 떠나가자 목자들은 서로 말하였다. "베들레헴으로 가서 주님께서 우리에게 알려 주신 그 일, 그곳에서 일어난 일을 봅시다."

¹⁶그리고 서둘러 가서, 마리아와 요셉과 구유에 누운 아기를 찾아냈다. ¹⁷목자들은 아기를 보고 나서, 그 아기에 관하여 들은 말을 알려 주었다. ¹⁸그것을 들은 이들은 모두 목자들이 자기들에게 전한 말에 놀라워하였다. ¹⁹그러나 마리아는 이 모든 일을 마음속에 간직하고 곰곰이 되새겼다.

²⁰목자들은 천사가 자기들에게 말한 대로 듣고 본 모든 것에 대하여 하느님을 찬양하고 찬미하며 돌아갔다. (루카 2,8-20)

들에서 양 떼를 치고 있던 목동들에게 천사가 나타납니다. 천사는 마리아에게 예수님의 잉태 소식을 알렸고, 요셉에게는 마리아를 받아들이라는 하느님의 말씀을 전했습니다. 그리고 이제는 목동들에게 나타나 그들이 그리스도 탄생의 목격자가 될 것이라고 전합니다.

천사의 등장에 목동들이 두려워하자 천사는 "두려워하지 마라."라고 말합니다. 사실 천사의 등장에 두렵고 떨리는 것은 자연스러운 반응입니다. 이에 대해 구약에서는 두려워하지 말라는 말로 하느님 혹은 천사의 방문을 받은 사람에게 확신을 갖게 하는 장면을 볼 수 있습니다(판관 6,23; 다니 10,12 참조).

또한 천사는 즈카르야에게 같은 말을 했고(루카 1,13 참조), 마리아와 요셉에게도 두려워하지 말라고 했습니다(루카 1,30; 마태 1,20 참조). 이와 같은 천사의 말은 목동들의 마음에 담대한 용기를 주어 그들이 천사의 말을 받아들이게 합니다.

두려워하지 말라는 천사의 말에 이어 하늘의 군대가 나타나 하느님을 찬미하는 노래를 부르자, 목동들은 확신에 차 천사의 말대로 베들레헴으로 아기를 찾아갑니다. 이때 하늘의 군대가 부른 노래는 미사 전례 중에 부르는 대영광송의 머리 부분이 되었습니다. 우리가 주일이나 대축일에 대영광송을 바칠 때, 우리는 그리스도의 탄생을 경축하는 천상 군대의 노래를 부르는 것입니다.

천사가 목동들에게 전하는 말에도 '다윗 고을'이 언급됩니다. 시골의 목동들이 천사의 말에 어떠한 의구심도 갖지 않는 것을 보면, 다윗 임금의 가문에서 메시아가 탄생한다는 것이 이스라엘에 널리 퍼진 믿음임을 알 수 있습니다. 이것은 하느님이 그동안의 역사를 통해 당신 백성의 마음을 준비시키셨음을 의미합니다.

목동들은 천사의 말대로 베들레헴 마구간의 말구유에 누워 계신 아기 예수님을 만납니다. 그들은 천사에게서 들은 말을 그대로 전해 줍니다. 성경을 들여다보면, 이때 아기 예수님 곁에 요셉과 마리아 외에 다른 이들도 있었던 것으로 짐작할 수 있습니다. 아마 성가정 이외에도 방을 구하지 못한 이들이 주위에 있다가 아기의 탄생을 보고 모여들었겠지요. 이들 모두 목동들이 전하는 말에 놀랐을 것입니다. 그들은 이게 무슨 일인가 하고 어리둥절해하며 놀랐겠지만, 마리아와 요셉은 주님이 예고하신 일이 그분 손에서 어떻게 이루어져 가는지 경탄하며 놀랐을 것입니다.

여기서 마리아는 놀라움과 함께 다음과 같이 다른 이들과 상반된 모습을 보입니다. "마리아는 이 모든 일을 마음속에 간직하고 곰곰이 되새겼다." 이해하기 힘든 일을 대면할 때 보이는 마리아의 태도가 확연히 드러나는 부분입니다.

마리아는 주님의 일에 아주 민감하게 반응하며 순응할 줄 아는 여인입니다. 자신이 경험하고 익혀 온 세계와 아주 다른 일이 벌어질 때라도 마리아는 이를 거부하거나 비난하지 않고, 그대로 마음속에 간직합니다. 후에 마리아가 주님의 일을 체험하며 주님을 한층 더 깊이 알게 될 때, 마음에 고이 간직했던 일들 안에 감추어진 신비가 그녀의 마음과 영 안에 꽃을 피우게 됩니다.

하느님의 뜻을 가장 잘 알고 실천하고 있다고 자부하던 바리사이와 율법 학자들이 자신들의 생각과 다른 가르침을 주는 예수님을 거부하고 죽음으로 몰아간 것과 마리아가 보인 태도는 너무나 큰 대조를 이룹니다. 우리는 마리아의 이런 모습을 다시 만나게 될 것입니다.

아기 예수님을 찾아
경배하는 동방 박사들

¹예수님께서는 헤로데 임금 때에 유다 베들레헴에서 태어나셨다. 그러자 동방에서 박사들이 예루살렘에 와서, ²"유다인들의 임금으로 태어나신 분이 어디 계십니까? 우리는 동방에서 그분의 별을 보고 그분께 경배하러 왔습니다." 하고 말하였다.

³이 말을 듣고 헤로데 임금을 비롯하여 온 예루살렘이 깜짝 놀랐다. ⁴헤로데는 백성의 수석 사제들과 율법 학자들을 모두 모아 놓고, 메시아가 태어날 곳이 어디인지 물어보았다. ⁵그들이 헤로데에게 말하였다. ⁶"유다 베들레헴입니다. 사실 예언자가 이렇게 기록해 놓았습니다. '유다 땅 베들레헴아 너는 유다의 주요 고을 가운데 결코 가장 작은 고을이 아니다. 너에게서 통치자가 나와 내 백성 이스라엘을 보살피리라.'"

⁷그때에 헤로데는 박사들을 몰래 불러 별이 나타난 시간을 정확히 알아내고서

는, ⁸그들을 베들레헴으로 보내면서 말하였다. "가서 그 아기에 관하여 잘 알아보시오. 그리고 그 아기를 찾거든 나에게 알려 주시오. 나도 가서 경배하겠소."

⁹그들은 임금의 말을 듣고 길을 떠났다. 그러자 동방에서 본 별이 그들을 앞서 가다가, 아기가 있는 곳 위에 이르러 멈추었다. ¹⁰그들은 그 별을 보고 더없이 기뻐하였다. ¹¹그리고 그 집에 들어가 어머니 마리아와 함께 있는 아기를 보고 땅에 엎드려 경배하였다. 또 보물 상자를 열고 아기에게 황금과 유향과 몰약을 예물로 드렸다.

¹²그들은 꿈에 헤로데에게 돌아가지 말라는 지시를 받고, 다른 길로 자기 고장에 돌아갔다. (마태 2,1-12)

예수님의 탄생은 이스라엘의 순박한 목동들에게 그리고 먼 곳에 있는 동방 박사들에게도 계시됩니다. '박사'라고 번역한 이 그리스어 '마고스μάγος'는 고대의 점성술사 혹은 꿈풀이에 밝은 현인 등을 가리키는 말입니다. 동방 박사들이 예루살렘에 이르러 사람들에게 던진 질문에 예루살렘 주민들은 물론, 헤로데 임금까지 깜짝 놀랍니다. 박사들이 유다인의 임금이 태어난 곳이 어디냐고 물으며 자신들은 그분의 별을 보고 경배하기 위해 동방에서 왔다고 말했기 때문입니다.

박사들이 말한 '동방'과 '별'은 성경의 옛 이야기를 떠올리게 합니다. 이스라엘이 모세의 영도 아래 이집트를 탈출하여 가나안 땅으로 향해 갈 때, 모압의 발락 임금은 점차 다가오는 이스라엘을 두려워합니다.

그래서 신하들을 보내 발라암이라는 사람에게 이스라엘을 저주해 달라는 부탁을 합니다. 발라암은 고대 기록에 동방 박사들과 같은 호칭으로 불리기도 했고, 민수기에서는 예언자와 같은 인물로 표현됩니다.

발락 임금은 신하들에게 "당신(발라암)이 축복하는 이는 복을 받고, 당신이 저주하는 이는 저주를 받는 줄을 나는 알고 있습니다."라는 말을 전하라고 하며 발라암을 초청합니다. 발라암은 첫 번째 신탁에서 발락 임금이 '동방'의 산악 지방에서 자신을 데려왔다고 밝히면서, 이스라엘을 저주하지 않고 오히려 축복합니다. 이에 화가 난 발락 임금에게 발라암은 "저야 주님께서 제 입에 넣어 주시는 말씀만 조심스럽게 전해야 하지 않겠습니까?"라고 대답합니다. 이런 식으로 발라암은 네 차례에 걸쳐 이스라엘을 축복합니다(민수 22-24장 참조).

발라암의 축복 중에는 "나는 한 모습을 본다. 그러나 지금은 아니다. 나는 그를 바라본다. 그러나 가깝지는 않다. 야곱에게서 별 하나가 솟고 이스라엘에게서 왕홀이 일어난다."(민수 24,17)라는, 메시아에 관한 예언이 나옵니다. 발라암이 말한 '동방', '별', '왕홀(왕권)'은 모두 예수님을 경배하러 온 동방 박사들의 입에서도 나온 말입니다.

한편, 크게 당황한 헤로데 임금은 수석 사제들과 율법 학자들을 불러 메시아 탄생에 관하여 묻고, 메시아가 태어날 장소가 베들레헴이라는 미카 예언서의 예언을 듣습니다. 그리고 나중에 알게 되듯이, 헤로데 임금은 그 아기를 제거하고자 하는 마음을 품고 동방 박사들에게 아기를 찾거든 자기에게 알려 달라고 부탁하며 그들을 보냅니다.

동방 박사들은 베들레헴에서 아기 예수님을 찾고는 엎드려 경배하고, 황금과 유향과 몰약을 예물로 바칩니다. 황금은 귀한 보물로 왕권을 상징하고, 유향은 주님을 경배하는 예절에 사용하는 것으로 신성을 상징하며, 몰약은 시신에 바르는 것으로 그리스도의 수난과 죽음을 상징합니다. 구약에도 메시아 시대에 사람들이 주님께 예물을 바친다는 구절이 몇 군데 나옵니다(이사 60,6.9; 시편 68,30; 72,10 참조). 동방 박사들이 아기 예수님께 바친 예물은 예수님이 그리스도이며 참된 임금이시고 우리를 위해 수난하실 분이라는 상징을 담고 있습니다.

우리는 동방 박사들이 예수님을 찾았을 때, "어머니 마리아와 함께 있는 아기를 보고 땅에 엎드려 경배하였다."라는 구절에 특별히 주목할 필요가 있습니다. 요셉이나 주변에 있던 많은 사람들을 언급하지 않고 오직 마리아만 그들이 경배할 예수님 곁에 있는 인물로 보여 주는 것입니다. 물론 직접적인 경배의 대상은 아기 예수님이지만, 동방 박사들이 예수님께 경배를 드릴 때 바로 그 곁에 마리아가 함께 있음을 복음서는 우리에게 분명히 전합니다.

이것은 하느님이 아담과 하와를 유혹한 뱀에게 벌을 내리실 때, 그 뱀의 머리를 밟을 여인의 후손 즉 메시아를 약속하면서, 그 여인도 악에 대적할 인물로 말씀하신 것을 떠올리게 합니다(창세 3,15 참조). 이를 통해 우리는 하느님을 섬기는 가운데 마리아가 마땅히 공경을 받아야 할 분임을 깨닫게 됩니다.

아기 예수님의 봉헌과
시메온의 예언

²¹여드레가 차서 아기에게 할례를 베풀게 되자 그 이름을 예수라고 하였다. 그것은 아기가 잉태되기 전에 천사가 일러 준 이름이었다.

²²모세의 율법에 따라 정결례를 거행할 날이 되자, 그들은 아기를 예루살렘으로 데리고 올라가 주님께 바쳤다. ²³주님의 율법에 "태를 열고 나온 사내아이는 모두 주님께 봉헌해야 한다."고 기록된 대로 한 것이다. ²⁴그들은 또한 주님의 율법에서 "산비둘기 한 쌍이나 어린 집비둘기 두 마리를" 바치라고 명령한 대로 제물을 바쳤다.

²⁵그런데 예루살렘에 시메온이라는 사람이 있었다. 이 사람은 의롭고 독실하며 이스라엘이 위로받을 때를 기다리는 이였는데, 성령께서 그 위에 머물러 계셨다. ²⁶성령께서는 그에게 주님의 그리스도를 뵙기 전에는 죽지 않으리라고 알려 주셨다. ²⁷그가 성령에 이끌려 성전으로 들어갔다. 그리고 아기에 관한 율법의 관례를

준수하려고 부모가 아기 예수님을 데리고 들어오자, ²⁸그는 아기를 두 팔에 받아 안고 이렇게 하느님을 찬미하였다. ²⁹"주님, 이제야 말씀하신 대로 당신 종을 평화로이 떠나게 해 주셨습니다. ³⁰제 눈이 당신의 구원을 본 것입니다. ³¹이는 당신께서 모든 민족들 앞에서 마련하신 것으로 ³²다른 민족들에게는 계시의 빛이며 당신 백성 이스라엘에게는 영광입니다." ³³아기의 아버지와 어머니는 아기를 두고 하는 이 말에 놀라워하였다.

³⁴시메온은 그들을 축복하고 나서 아기 어머니 마리아에게 말하였다. "보십시오, 이 아기는 이스라엘에서 많은 사람을 쓰러지게도 하고 일어나게도 하며, 또 반대를 받는 표징이 되도록 정해졌습니다. ³⁵그리하여 당신의 영혼이 칼에 꿰찔리는 가운데, 많은 사람의 마음속 생각이 드러날 것입니다."

³⁶한나라는 예언자도 있었는데, 프누엘의 딸로서 아세르 지파 출신이었다. 나이가 매우 많은 이 여자는 혼인하여 남편과 일곱 해를 살고서는, ³⁷여든네 살이 되도록 과부로 지냈다. 그리고 성전을 떠나는 일 없이 단식하고 기도하며 밤낮으로 하느님을 섬겼다. ³⁸그런데 이 한나도 같은 때에 나아와 하느님께 감사드리며, 예루살렘의 속량을 기다리는 모든 이에게 그 아기에 대하여 이야기하였다.

³⁹주님의 법에 따라 모든 일을 마치고 나서, 그들은 갈릴래아에 있는 고향 나자렛으로 돌아갔다.

⁴⁰아기는 자라면서 튼튼해지고 지혜가 충만해졌으며, 하느님의 총애를 받았다.

(루카 2,21-40)

아기가 탄생하자, 할례식과 아기 이름 짓는 일 그리고 정결례와 맏아들의 봉헌이 이루어집니다. 성경은 이 모든 것이 모세가 전해 준 '율법'에 따라 이루어졌음을 강조합니다(루카 2,22-24.39 참조). 그분은 하느님의 아드님이시지만 우리와 똑같은 인간으로 이 세상에 오셨기에, 하느님이 인간에게 주신 율법을 당신도 그대로 따르셨다는 의미입니다. "때가 차자 하느님께서 당신의 아드님을 보내시어 여인에게서 태어나 율법 아래 놓이게 하셨습니다."(갈라 4,4)라는 바오로 사도의 말도 바로 이것을 강조하려고 했던 것입니다.

루카 복음서가 서술하는 예식이 율법의 정결례와 맏아들 봉헌 등의 예식 절차와 잘 맞지 않는다는 지적도 있습니다. 하지만 복음서는 율법의 상세한 절차에 관심을 기울이는 것이 아니라, 아기의 부모가 율법에 따라 모든 일을 수행했음을 분명히 보여 주려는 것입니다.

여기서 요셉과 마리아가 바친 제물에 눈길이 갑니다. 레위기에 따르면 본래 바쳐야 할 제물은 어린양 한 마리인데, 집안이 가난하여 그만한 여력이 없으면 산비둘기 두 마리나 집비둘기 두 마리를 바치라고 되어 있습니다(레위 12,8 참조). 이를 통해 우리는 집비둘기 두 마리를 바친 요셉과 마리아가 가난했음을 알 수 있습니다.

요셉과 마리아가 아기 예수님을 안고 성전에 들어설 때, 그곳에서 시메온과 한나를 만납니다. 시메온은 의롭고 신심이 깊은 사람이며 주님이 당신 백성을 위로하실 특별한 때를 기다리던 사람이었고, 한나는 예언자로서 일찍이 홀몸이 되어 나이 여든이 되도록 성전을 떠나지 않고 하느님을 섬기던 여인이었습니다.

성령에 이끌려 성전에 들어선 시메온은 아기 예수님을 보고 지금까지 오랜 시간 자신이 기다려 온 구원이 이루어졌음을 알고, 하느님을 찬미하며 이 세상을 평화로이 떠날 수 있게 되었다고 고백합니다. 그는 아기 예수님이 장차 이스라엘뿐 아니라 다른 모든 민족에게도 구원을 가져다주실 분임을 찬양하면서, 그 길에서 많은 이들이 그분에 대한 믿음에 따라 넘어지기도 하고 일어서기도 할 것이라고 예언합니다.

나아가 시메온은 예수님이 이 일을 이루면서 당하실 반대 곧 수난에 마리아의 영혼 역시 칼에 꿰찔리는 듯한 고통을 겪게 될 것이라고 말합니다. 그는 성령을 통해 마리아가 예수님의 수난에 얼마나 깊이 동참하게 될지 내다보는 것입니다.

창조 때에 메시아와 함께 악마에 대적하리라고 예고되고, 동방 박사의 경배 때 예수님 곁에 있던 마리아는 그리스도의 수난을 함께하며 당신의 소명을 이룰 것입니다. 마리아는 그리스도이신 예수님의 어머니이며, 예수님의 삶을 가장 가까이 따른 참된 제자이자 참된 그리스도인입니다. 그래서 그분은 사도들의 모후이고 교회의 어머니이며 그리스도교 신자들의 어머니입니다. 우리는 복음을 통해 이러한 마리아의 모습을 계속 만날 것입니다.

성가정의 피난

¹³박사들이 돌아간 뒤, 꿈에 주님의 천사가 요셉에게 나타나서 말하였다. "일어나 아기와 그 어머니를 데리고 이집트로 피신하여, 내가 너에게 일러 줄 때까지 거기에 있어라. 헤로데가 아기를 찾아 없애 버리려고 한다." ¹⁴요셉은 일어나 밤에 아기와 그 어머니를 데리고 이집트로 가서, ¹⁵헤로데가 죽을 때까지 거기에 있었다. 주님께서 예언자를 통하여, "내가 내 아들을 이집트에서 불러내었다." 하신 말씀이 이루어지려고 그리된 것이다.

¹⁶그때에 헤로데는 박사들에게 속은 것을 알고 크게 화를 내었다. 그리고 사람들을 보내어, 박사들에게서 정확히 알아낸 시간을 기준으로, 베들레헴과 그 온 일대에 사는 두 살 이하의 사내아이들을 모조리 죽여 버렸다. ¹⁷그리하여 예레미야 예언자를 통하여 하신 말씀이 이루어졌다. ¹⁸"라마에서 소리가 들린다. 울음소리와 애끊는 통곡 소리. 라헬이 자식들을 잃고 운다. 자식들이 없으니 위로도 마다

한다."

¹⁹헤로데가 죽자, 꿈에 주님의 천사가 이집트에 있는 요셉에게 나타나서 말하였다. ²⁰"일어나 아기와 그 어머니를 데리고 이스라엘 땅으로 가거라. 아기의 목숨을 노리던 자들이 죽었다." ²¹요셉은 일어나 아기와 그 어머니를 데리고 이스라엘 땅으로 들어갔다. ²²그러나 아르켈라오스가 아버지 헤로데를 이어 유다를 다스린다는 말을 듣고, 그곳으로 가기를 두려워하였다. 그러다가 꿈에 지시를 받고 갈릴래아 지방으로 떠나, ²³나자렛이라고 하는 고을로 가서 자리를 잡았다. 이로써 예언자들을 통하여 "그는 나자렛 사람이라고 불릴 것이다." 하신 말씀이 이루어졌다. (마태 2,13-23)

아기 예수님을 경배한 동방 박사들은 꿈에 주님의 지시를 받은 후, 헤로데 임금을 만나지 않고 다른 길로 돌아갑니다. 그리고 요셉이 마리아와 몰래 파혼하려 했을 때처럼 주님의 천사가 꿈에 나타나, 요셉에게 아기와 어머니를 데리고 피신하라고 일러 줍니다.

성경을 보면 사람이 잠을 자고 있을 때 꿈속에서 혹은 환시를 통해 어떤 일이 이루어지는 것을 자주 접하게 됩니다. 잠자는 동안 사람은 의지를 발휘하지 못하고 일을 계획하지도 못합니다. 그래서 하느님이 꿈속에서 말씀하신다는 것은 인간의 의지가 개입되지 않은, 온전한 하느님의 계획임을 의미합니다.

태초에 하느님이 아담을 창조하신 후 그의 짝 하와를 창조하실 때,

아담을 잠들게 하신 것은 남자와 마찬가지로 여자도 오로지 하느님에게서 왔음을 보여 주는 것입니다(창세 2,21-23 참조).

불콩죽 한 그릇에 장자권을 받은 야곱이 형 에사우의 분노를 피해 외가로 피신하게 되었을 때, 꿈에 하느님이 나타나셔서 아브라함과 이사악에게서 이어 온 약속을 야곱에게도 해 주십니다(창세 28,13-15 참조). 이 약속으로 야곱은 아브라함과 이사악과 함께 이스라엘의 성조가 되지요. 이렇게 야곱은 삶에 큰 위기가 왔을 때 꿈속에서 하느님의 위로를 체험합니다. 또한 창세기 37장부터 전개되는 요셉의 이야기에서는 하느님이 보여 주시고 풀어 주시는 꿈 이야기가 이 기묘한 역사를 이끌어 가는 중심이 됩니다.

신약에서는 요셉이 예수님을 잉태한 마리아를 받아들일 때, 요셉이 예수님과 마리아를 이끌고 이집트로 피난 갈 때, 다시 이스라엘로 돌아올 때에 꿈에서 주님의 지시를 받습니다.

천사에게서 들은 주님의 지시에 따라 성가정이 움직이는 여정은 구약의 이집트 탈출 여정을 떠올리게 합니다. 처음 야곱의 가족이 이집트로 이주하여 나일강 하류 고센 땅에 정착했을 때 그곳이 더 이상 기근 걱정을 하지 않아도 되는 생명의 땅이었던 것처럼(창세 46-47장 참조), 성가정은 헤로데 임금의 칼날을 피해 이집트로 피신하여 삶을 보존합니다. 그리고 때가 되어 이스라엘 백성들이 이집트를 탈출하여 약속의 땅 가나안으로 들어오듯이, 성가정은 다시 이스라엘로 돌아옵니다.

옛날 하느님이 이스라엘 백성을 이집트에서 이끌어 내신 일을 "나는 그를 사랑하여 나의 아들을 이집트에서 불러내었다."(호세 11,1)라고 했는데, 복음서에서는 이를 성가정에 그대로 적용합니다. 구약의 이집트 탈출이 종살이의 고역에서 자유를 선사받은 역사라면, 성가정이 이집트에서 이스라엘로 돌아오는 것은 인간이 죽음으로부터의 자유 곧 영원한 생명을 얻는 역사의 시작입니다.

여기서 우리가 주목해야 할 것이 있습니다. 성가정이 이집트로 피신했다가 다시 이스라엘 땅으로 돌아오는 이 이야기에서 "아기와 그 어머니를 데리고"라는 말이 네 차례 나옵니다. 하느님은 요셉을 통해 그리스도이신 예수님만이 아니라 마리아도 함께 보호하십니다. 이것은 단지 아기가 젖먹이라 어머니가 필요해서만은 아닙니다. 즉 하느님이 계획하신 구원의 역사에서 특별한 역할을 하게 된 마리아가 그 역할을 마칠 때까지, 하느님이 마리아를 보호하신다는 것을 의미합니다.

교회는 삼위일체 하느님에 대한 신앙 위에 서 있습니다. 그리고 하느님은 그 신앙을 지키고 따르는 첫째가는 모범으로 우리에게 마리아를 주셨습니다. 마리아는, 자신의 힘만 믿고 하느님과 멀어지고 죽음에 이르게 하는 악과 대항할 여인으로 예언되었습니다. 또한 마리아는 그 영혼이 꿰찔리는 듯 아파하며 주님이신 예수님의 고통에 함께할 것이라고 예언되었습니다. 그래서 마리아와 깊은 친교를 이루는 신심은 우리가 참다운 그리스도인으로 성장하도록 이끌어 줍니다.

예수님을 성전에서 찾다

⁴¹예수님의 부모는 해마다 파스카 축제 때면 예루살렘으로 가곤 하였다. ⁴²예수님이 열두 살 되던 해에도 이 축제 관습에 따라 그리로 올라갔다. ⁴³그런데 축제 기간이 끝나고 돌아갈 때에 소년 예수님은 예루살렘에 그대로 남았다. 그의 부모는 그것도 모르고, ⁴⁴일행 가운데에 있으려니 여기며 하룻길을 갔다. 그런 다음에야 친척들과 친지들 사이에서 찾아보았지만, ⁴⁵찾아내지 못하였다. 그래서 예루살렘으로 돌아가 그를 찾아다녔다.

⁴⁶사흘 뒤에야 성전에서 그를 찾아냈는데, 그는 율법 교사들 가운데에 앉아 그들의 말을 듣기도 하고 그들에게 묻기도 하고 있었다. ⁴⁷그의 말을 듣는 이들은 모두 그의 슬기로운 답변에 경탄하였다. ⁴⁸예수님의 부모는 그를 보고 무척 놀랐다. 예수님의 어머니가 "얘야, 우리에게 왜 이렇게 하였느냐? 네 아버지와 내가 너를 애타게 찾았단다." 하자, ⁴⁹그가 부모에게 말하였다. "왜 저를 찾으셨습니까?

저는 제 아버지의 집에 있어야 하는 줄을 모르셨습니까?" ⁵⁰그러나 그들은 예수님이 한 말을 알아듣지 못하였다.

⁵¹예수님은 부모와 함께 나자렛으로 내려가, 그들에게 순종하며 지냈다. 그의 어머니는 이 모든 일을 마음속에 간직하였다. ⁵²예수님은 지혜와 키가 자랐고 하느님과 사람들의 총애도 더하여 갔다. (루카 2,41-52)

예수님이 열두 살 되던 해에 일어난 이 일은 묵주 기도 환희의 신비 5단에서 묵상하는 부분입니다. 또한 예수님의 탄생과 어린 시절에 관해 마지막으로 전하는 부분이기도 합니다.

복음서에는 예수님의 부모인 요셉과 마리아가 매년 파스카 축제 때마다 예루살렘에 갔다고 나옵니다. 지금까지 복음서에서 만난 요셉은 참으로 선한 사람이고, 마리아는 조용하고 차분한 여인으로서 두 사람 모두 하느님의 말씀에 늘 마음이 열려 있었습니다. 이런 두 사람이 매일 기도하는 것은 물론 이스라엘의 큰 축제에 빠지지 않고 기꺼이 참여했다는 것은 당연한 일이었지요.

이 이야기의 배경이 되는 '파스카 축제', 그리고 그 장소로서 '성전'은 예수님의 일생과 깊은 관련이 있습니다. 예수님은 속죄의 어린양을 바치는 파스카 축제에 맞추어 당신 자신을 '하느님의 어린양'으로 봉헌하셨고, "이 성전을 허물어라. 그러면 내가 사흘 안에 다시 세우겠다."(요한 2,19)라는 말씀으로 당신의 죽음과 부활을 예고하셨습니다.

예수님이 이렇게 먼저 당신 몸을 성전에 비유하셨고, 예수님의 부활과 승천 후에 사도들은 성령의 이끄심으로 교회가 세워지고 성장하는 것을 체험하면서, 우리의 몸이 곧 성령이 계시는 성전이라고 선포했습니다(1코린 6,19 참조).

지금까지는 예수님이 갓난아이로 요셉과 마리아의 보호를 받았습니다. 그러나 이 이야기에서 예수님은 비록 열두 살 소년이지만 율법 교사들이 깜짝 놀랄 만한 슬기로운 답변을 하십니다. 그리고 예수님은 자신을 찾느라 가슴 졸였다는 어머니 마리아의 말에 알아들을 수 없는 신비한 대답을 하십니다.

이 부분에서 특히 예수님의 지혜가 강조됩니다. 또한 예수님이 집에 돌아와 부모와 지내면서 그 지혜가 점점 더 자랐다고 표현합니다. 바오로 사도는 표징을 요구하는 유다인들과 지혜를 좇는 그리스인들 그리고 힘을 추구하는 민족들의 태도를 파헤치며 한없이 약해 보이는 십자가를 통해 구원을 이루시는 그리스도가 바로 '하느님의 힘이시며 하느님의 지혜'라고 선포합니다(1코린 1,18-24 참조). 마리아가 겨우 찾아낸 예수님에게서 나온 말씀은, 성전이 곧 당신 아버지의 집이라는 것이었습니다. 이렇게 공생활 이전, 어린 예수님의 의지가 드러난 이 단한 번의 구절에 예수님의 전 생애가 함축되어 있습니다.

요셉과 마리아는 예수님을 잃고 속을 태우며 사흘 길을 거슬러 올라가 예루살렘에서 예수님을 찾아냅니다. 그때 그들은 어린 예수님이 율법 교사들 사이에서 그들과 대화를 하며 슬기롭게 대답하시는 모습을 보게 됩니다. 이 모습에 두 사람은 의아했을 것입니다. 그들은 예수님이 왜 그렇게 했는지, 그들이 예수님을 얼마나 애타게 찾았는지 나무라듯 건네는 말에 그분이 하신 대답을 알아들을 수 없었습니다.

예수님의 말씀은 하느님 나라의 신비에 관한 것이기에, 예수님을 따라다니던 제자들도 그 뜻을 다 알아듣지는 못했습니다. 루카 복음서를 보면 예수님의 세 번째 수난 예고 부분에서 "제자들은 이 말씀 가운데 아무것도 깨닫지 못하였다. 이 말씀의 뜻이 그들에게 감추어져 있어서, 말씀하신 것을 알아듣지 못하였던 것이다."(루카 18,34)라고 전합니다.

한편, 성전에서 "애야, 우리에게 왜 이렇게 하였느냐? 네 아버지와 내가 너를 애타게 찾았단다." 하고 말한 사람은 요셉이 아니라 마리아였습니다. 그리고 마리아는 이 모든 일을 마음속에 간직했다고 복음서는 전합니다.

예수님을 대하는 태도에서 마리아에게는 요셉과도 구별되는, 확실히 다른 무언가가 있었습니다. 마리아는 삶에서 언제든지 발생할 수 있는 하느님의 일에 대해 늘 준비되어 있는 깊은 영적 감수성을 지녔습니다. 그리고 그런 일이 느껴질 때, 비록 그것이 지금까지 자신이 겪으며 쌓아 온 인식의 지평을 넘는 일이라도, 있는 그대로 받아들이며 겸손한 마음을 지녔습니다. 이것이 "저는 주님의 종입니다."(루카 1,38)라고 고백했던 마리아의 삶입니다.

침묵과 관상의 마리아

[28]천사가 마리아의 집으로 들어가 말하였다. "은총이 가득한 이여, 기뻐하여라. 주님께서 너와 함께 계시다." [29]이 말에 마리아는 몹시 놀랐다. 그리고 이 인사말이 무슨 뜻인가 하고 곰곰이 생각하였다. (루카 1,28-29)

[16]그들은 서둘러 가서, 마리아와 요셉과 구유에 누운 아기를 찾아냈다. [17]목자들은 아기를 보고 나서, 그 아기에 관하여 들은 말을 알려 주었다. [18]그것을 들은 이들은 모두 목자들이 자기들에게 전한 말에 놀라워하였다. [19]그러나 마리아는 이 모든 일을 마음속에 간직하고 곰곰이 되새겼다. (루카 2,16-19)

[51]예수님은 부모와 함께 나자렛으로 내려가, 그들에게 순종하며 지냈다. 그의 어머니는 이 모든 일을 마음속에 간직하였다. [52]예수님은 지혜와 키가 자랐고 하

느님과 사람들의 총애도 더하여 갔다. (루카 2,51-52)

위의 복음서 구절들에서 우리는 예수님의 잉태와 탄생 그리고 예수님의 어린 시절에 마리아가 하느님의 뜻에 순종하며 어떤 태도를 보이는지 알 수 있습니다. 즉 마리아는 천사가 전하는 말과 예수님께 일어나는 놀라운 일에 대해 '곰곰이 생각하고, 되새기고, 마음속에 간직하는' 태도를 지녔습니다.

처음 천사가 마리아를 찾아와 인사를 건넸을 때, 마리아는 몹시 놀라면서도 그 인사말의 뜻을 두고 깊이 생각합니다. 예수님이 태어나신 마구간에 목동들이 몰려와 천사의 말을 전하자 모두들 놀라워하는 중에 마리아는 그 모든 일을 마음에 간직하고 되새깁니다. 그리고 성전에서 찾은 어린 예수님이 알아들을 수 없는 말을 했던 일도 그대로 마음속에 간직합니다.

하느님은 당신 아들을 이 세상에 보내시어 우리와 똑같은 인간으로 살게 하시고, 죄 없으신 그분의 십자가 죽음으로 죄인인 우리가 의롭게 되고 구원되도록 하셨습니다. 이 계획을 이루시는 하느님의 자비는 인간의 선의를 훨씬 뛰어넘습니다. "내 생각은 너희 생각과 같지 않고 너희 길은 내 길과 같지 않다."(이사 55,8)

십자가의 길을 앞두고 예수님도 "제 뜻이 아니라 아버지의 뜻이 이루어지게 하십시오."라고 기도하셨습니다. 구약의 욥은 도저히 이해할 수 없고 감당하기 힘겨운 고통을 안게 되자 친구들과 논쟁을 벌였고 하느님께 몸부림치며 탄원을 쏟았습니다. 그러다가 주님을 만나고 난 뒤 "저에게는 너무나 신비로워 알지 못하는 일들을 저는 이해하지도 못한 채 지껄였습니다. …… 그래서 저 자신을 부끄럽게 여기며 먼지와 잿더미에 앉아 참회합니다."(욥 42,3-6 참조)라고 고백했습니다.

시편에서는 "사람이 사람을 결코 구원할 수 없으며 하느님께 제 몸 값을 치를 수도 없다. 그 영혼의 값이 너무나 비싸 언제나 모자란다, 그가 영원히 살기에는 구렁을 아니 보기에는."(시편 49,8-10)이라고 노래합니다.

이 노래는 인간 생명이 고귀하고 값으로 치면 너무 비싸기에 인간의 힘으로 그 죄 값을 치르고 생명을 회복시킬 수 없다는 의미입니다. 이 일을 이루시는 하느님의 계획은 자비로 가득한 신비입니다. 우리가 이것을 다 이해할 수는 없습니다. 하느님의 생각이 우리의 생각과 다르고, 그분의 계획을 우리가 다 이해할 수 없다는 것이 얼마나 복된 일입니까!

하느님을 진실로 믿는 사람이 눈앞에 던져진 놀라운 일, 때로는 인간적으로 불가능하게 여겨지거나 자존심과 명예에 큰 흠이 생길 수도 있는 일을 그대로 받아들이는 것이 바로 순명입니다. 이해할 수 없는 하느님의 뜻을 수용해야 신앙에 눈을 뜰 수 있습니다.

마리아가 보여 준 태도가 바로 이런 것입니다. "씨는 하느님의 말씀"(루카 8,11)이라는 예수님의 비유처럼 마리아가 보고 들은 것은 하나의 씨앗과 같습니다. 지금은 작고 보잘것없지만 때가 되면 그 씨앗은 아름답고 큰 생명을 이루어 낼 것입니다.

그 씨앗이 장차 무엇을 이룰지 지금은 모르는 것이 하느님의 뜻입니다. 중요한 것은 그 씨앗이 있는 그대로 보존되어야 한다는 것입니다. 그 속을 지금 당장 알고 싶어서 그 씨앗을 분석하고 쪼개면, 씨앗은 생명을 잃고 우리는 아무것도 발견하지 못할 것입니다. 마리아는 이 씨앗이 좋은 땅에 뿌려지듯 이를 당신 품 안에 받아들였습니다.

영성 생활은 성령의 이끄심을 따르는 삶입니다. 그것은 자신이 쌓아 온 것을 하느님의 뜻과 동일시하며 물러설 줄 모르던 율법 학자들 그리고 기도와 봉헌을 충실히 하고 경건하게 살면서 그러한 자신을 자랑스럽게 드러내던 바리사이의 삶과는 다릅니다. 그들은 말씀과 표징으로 하느님 나라를 선포하시는 예수님과 대적했지만, 마리아는 그보다 훨씬 더 작은 표징에도 마음을 열었습니다.

'곰곰이 생각하고, 되새기고, 마음속에 간직하는' 마리아는 하느님의 뜻에 자신의 생각과 판단을 맞추는 침묵의 여인이고, 하느님의 말씀을 있는 그대로 바라볼 줄 아는 관상의 여인이며, 그렇게 하느님을 받아들이는 순명의 여인입니다. 마리아는 단지 예수님을 낳았기 때문이 아니라, 일생을 통해 하느님께 순명한 그리스도의 참된 제자였기에 교회의 어머니인 것입니다.

카나의 혼인 잔치

¹사흘째 되는 날, 갈릴래아 카나에서 혼인 잔치가 있었는데, 예수님의 어머니도 거기에 계셨다. ²예수님도 제자들과 함께 그 혼인 잔치에 초대를 받으셨다.

³그런데 포도주가 떨어지자 예수님의 어머니가 예수님께 "포도주가 없구나." 하였다. ⁴예수님께서 어머니에게 말씀하셨다. "여인이시여, 저에게 무엇을 바라십니까? 아직 저의 때가 오지 않았습니다." ⁵그분의 어머니는 일꾼들에게 "무엇이든지 그가 시키는 대로 하여라." 하고 말하였다.

⁶거기에는 유다인들의 정결례에 쓰는 돌로 된 물독 여섯 개가 놓여 있었는데, 모두 두세 동이들이었다. ⁷예수님께서 일꾼들에게 "물독에 물을 채워라." 하고 말씀하셨다. 그들이 물독마다 가득 채우자, ⁸예수님께서 그들에게 다시, "이제는 그것을 퍼서 과방장에게 날라다 주어라." 하셨다. 그들은 곧 그것을 날라 갔다. ⁹과방장은 포도주가 된 물을 맛보고 그것이 어디에서 났는지 알지 못하였지만, 물

을 퍼 간 일꾼들은 알고 있었다. 그래서 과방장이 신랑을 불러 [10]그에게 말하였다. "누구든지 먼저 좋은 포도주를 내놓고, 손님들이 취하면 그보다 못한 것을 내놓는데, 지금까지 좋은 포도주를 남겨 두셨군요."

[11]이렇게 예수님께서는 처음으로 갈릴래아 카나에서 표징을 일으키시어, 당신의 영광을 드러내셨다. 그리하여 제자들은 예수님을 믿게 되었다. (요한 2,1-11)

카나 혼인 잔치에서 일어난 포도주의 기적은 예수님이 요한 세례자에게 세례를 받으신 일, 악마에게 유혹을 받으신 일 등과 함께 예수님 공생활 초기에 있었던 일입니다.

혼인 잔치에 예수님과 마리아 그리고 제자들이 초대를 받습니다. 그런데 여기서 '예수님의 어머니'가 제일 먼저 소개되는 것은 우연이 아닙니다. 이 기적 이야기에서 마리아가 예수님께 건네는 말이 기적을 일으키는 계기가 되고, 제자들은 아무런 역할이 없다가 모든 일이 끝난 뒤 그 모든 것을 보고 예수님을 믿게 되었다고 언급됩니다. 복음서에서 처음부터 마리아를 아주 중요한 인물로 소개하는 것입니다.

혼인 잔치에서 포도주는 가장 중요한 음식이라고 할 수 있습니다. 술이 없는 잔칫상은 생각할 수 없지요. 그런데 포도주가 떨어지자 마리아가 즉시 예수님께 그 사실을 알립니다. 사실 마리아는 그 잔치에 초대받은 사람으로서 굳이 나설 필요가 없었습니다. 그런데도 지금 마리아는 잔치 주인의 곤란한 처지를 대변해 주는, 예수님과 잔치 주인의 중재자로 서 있는 것입니다. 마리아가 자진해서 나선 것이지요.

"여인이시여, 저에게 무엇을 바라십니까? 아직 저의 때가 오지 않았습니다."라는 예수님의 말씀은 많은 것을 담고 있습니다. 먼저 예수님은 마리아를 '여인'이라고 부르십니다. 이 호칭으로 예수님은 마리아를 육신의 어머니가 아니라 중재자로 나선 분으로 대하십니다. 예수님이 십자가에 달리시어 마리아를 요한 사도의 어머니로 주실 때에도 '여인'이라고 부르셨습니다. 그래서 많은 이들이 이 '여인'을 인간 구원을 위하여 하느님이 준비하신 역할을 수행할 여인(창세 3,15 참조)과 같은 호칭이라고 생각합니다.

예수님은 이어 "아직 저의 때가 오지 않았습니다."라고 하십니다. 그런데 마리아는 마치 집주인처럼 일꾼들에게 "무엇이든지 그가 시키는 대로 하여라."라고 말합니다. 우리는 마리아가 중재자로서 일꾼들로 하여금 예수님의 말씀에 귀를 기울이도록 한다는 것을 알 수 있습니다. 그리하여 예수님은 물을 좋은 포도주로 변화시키는 기적을 베풀어 주십니다.

여기서 우리는 '우리를 위하여 빌어 주시는' 마리아를 떠올리게 됩니다. 카나 혼인 잔치의 기적에서 마리아는 그러한 역할을 분명히 하고 있습니다. 그런데 예수님은 당신의 때가 아닌데도 마리아로 인해 억지로 기적을 베푸신 것이 아닙니다. 주님은 언제나 당신의 때에 일하십니다.

처음 마리아가 "포도주가 없구나."라고 예수님께 말을 건넸을 때,

그것은 아직 사람의 눈으로 이 상황을 본 것입니다. 마리아가 "무엇이든지 그가 시키는 대로 하여라."라고 함으로써 모든 주도권을 예수님께 넘기신 그때가 바로 주님의 때가 된 것입니다. 마리아가 여러 번 보여 준 온전한 순명은 늘 '주님의 종'으로서의 태도였습니다. 마리아는 우리가 순종하는 마음으로 주님의 말씀에 귀를 기울여 바로 지금 이 주님의 때가 될 수 있도록 도와줍니다.

마리아가 말하기 전에 잔칫상에 포도주가 떨어진 것을 예수님은 알고 계셨습니다. 우리에게 필요한 것을 우리가 말하기도 전에 주님은 이미 알고 계십니다. 그런데 마리아가 주님께 모든 주도권을 넘겨 드리자, 그분이 만드신 포도주는 주인이 정성껏 준비한 것과는 비교할 수 없이 맛있는 포도주가 되었습니다.

물이 포도주로 변하면서 그 빛깔과 맛과 쓰임새가 달라졌습니다. 우리의 내면이 주님의 말씀으로 변화될 때, 우리의 표정이 달라지며 삶의 태도가 달라지고, 우리의 이웃을 대하는 태도가 달라지고, 주님이 우리를 쓰시는 것이 달라질 수 있습니다. 이렇게 우리가 한평생 영적 여정을 걸어 나가는 동안, 마리아는 가장 큰 모범이자 가까운 동반자로서 우리를 격려하고 위로하실 것입니다.

예수님의 어머니

³¹그때에 예수님의 어머니와 형제들이 왔다. 그들은 밖에 서서 사람을 보내어 예수님을 불렀다. ³²그분 둘레에는 군중이 앉아 있었는데, 사람들이 예수님께 "보십시오, 스승님의 어머님과 형제들과 누이들이 밖에서 스승님을 찾고 계십니다." 하고 말하였다. ³³그러자 예수님께서 그들에게, "누가 내 어머니고 내 형제들이냐?" 하고 반문하셨다. ³⁴그리고 당신 주위에 앉은 사람들을 둘러보시며 이르셨다. "이들이 내 어머니고 내 형제들이다. ³⁵하느님의 뜻을 실행하는 사람이 바로 내 형제요 누이요 어머니다." (마르 3,31-35; 마태 12,46-50; 루카 8,19-21 참조)

²⁷예수님께서 이 말씀을 하고 계실 때에 군중 속에서 어떤 여자가 목소리를 높여, "선생님을 배었던 모태와 선생님께 젖을 먹인 가슴은 행복합니다." 하고 예수님께 말하였다. ²⁸그러자 예수님께서 이르셨다. "하느님의 말씀을 듣고 지키는 이

들이 오히려 행복하다." (루카 11,27-28)

위 두 구절은 예수님이 서로 다른 상황에서 하신 말씀이지만, 하느님의 뜻을 실천하는 이들이야말로 행복한 사람들이며 그들이 주님의 진정한 가족이라는 공통점이 있습니다. 여기에서 예수님은 종말론적인 가정, 종말론적인 행복 곧 하느님 안에서 최종적으로 이루어질 것에 대해 말씀하십니다. 하느님의 아드님이 이 세상에 오신 이유가 바로 여기에 있습니다.

사람들은 예수님께 가족이 찾아왔다고 전합니다. 이 말은 사실입니다. 예수님이 사람들을 가르치실 때 찾아와 밖에 서 있는 마리아와 형제들은 분명 예수님의 가족입니다. 그러나 예수님이 이 세상에서 선포하고 이루실 하느님 나라에서 진정한 주님의 가족은 하느님의 뜻을 받아들이고 실천하는 사람들입니다. 예수님은 지금 마리아와 형제들이 당신의 가족이 아니라고 하시는 것이 아니라, 하느님 앞에 다른 모든 이들과 마찬가지로 그들도 하느님의 말씀을 믿고 실천하면서 진정한 주님의 가족이 되어야 할 사람이라고 말씀하시는 것입니다.

예수님이 가르쳐 주신 '주님의 기도'는 이것을 더욱 분명하게 보여 줍니다. 기도는 "하늘에 계신 우리 아버지"로 시작합니다. 기도문이기에 자세한 설명을 하지는 않지만, 우리 모두 주님을 믿고 주님의 뜻을 실천하며 하느님을 '아버지'라고 부르는 천상 가족이 되도록 희망하는 기도를 예수님은 가르쳐 주십니다. 우리가 바쳐야 할 기도이기에 우리의 믿음이고 희망이지만, 주님이 친히 가르쳐 주신 기도이기에 주님이 이루실 계획이기도 합니다.

예수님을 낳아 젖 먹여 기른 어머니가 얼마나 행복할까 하며 부러워하는 어느 여인의 말도 이와 같습니다. 이 여인은 자식을 낳아 기르는 어머니로서 자신의 자식도 예수님처럼 훌륭했으면 하고 바라는 듯합니다. 이 여인에게 있어 가족은 혈연 관계입니다. 그러나 하느님의 아드님이신 예수님은 모든 이들이 당신을 믿고 따르며, 당신처럼 하느님을 아버지로 부르는 나라를 선포하기 위해 이 세상에 오셨습니다. 그래서 예수님은 이 여인의 말에 하느님의 말씀을 듣고 지키는 이가 더 행복하다고 말씀하십니다.

어떤 이들은 이 성경 구절들을 두고 예수님이 마리아를 멀리 하신 것으로 받아들이려고 합니다. 그러나 우리는 이미 예수님의 잉태에서부터 마리아가 하느님의 말씀을 얼마나 철저히 따랐는지 알고 있습니다. 마리아는 예수님의 잉태를 알리는 천사에게 "저는 주님의 종입니다. 말씀하신 대로 저에게 이루어지기를 바랍니다."(루카 1,38)라고 응답했습니다. 그리고 엘리사벳을 찾아갔을 때 성령으로 가득 찬 그녀에게서 "당신은 여인들 가운데에서 가장 복되시며 당신 태중의 아기도 복되십니다. …… 행복하십니다, 주님께서 하신 말씀이 이루어지리라고 믿으신 분!"(루카 1,42-45)이라는 놀라운 인사말을 들었습니다.

예수님은 당신을 둘러싼 사람들에게 하느님의 말씀을 듣고 실천하는 사람이 당신의 어머니요, 형제요, 자매이며 이런 이들이 진정으로 행복한 사람이라고 하셨습니다. 그런데 마리아는 처녀의 몸으로 예수님을 잉태하게 되리라는 하느님의 말씀이 그대로 이루어지기를 바란다며 이를 받아들였습니다. 그리고 성령께 감도된 엘리사벳은 그렇게 믿은 마리아가 참으로 행복하다고 했습니다.

종말론적인 가족과 행복에 대해 가르치시는 예수님이 사람들에게 마리아에 대해 특별히 말씀하지는 않으십니다. 하지만 사실은 "너희는 저분이 나를 낳아 주셨기에 나의 어머니라고 말하지만, 저분은 하느님의 뜻을 실행하는 분이기에 나의 어머니이시다. 너희는 저분이 나를 낳고 길러 주어 행복하겠다고 말하지만, 저분은 하느님의 말씀이 그대로 이루어지리라고 믿고 자신을 내어 주셨기에 행복하다."라고 말씀하시는 것과 같습니다.

마리아는 하느님의 뜻을 이루는 도구로 자신을 온전히 내어놓았습니다. 그리고 예수님에게서 일어난 많은 일들을 조금도 손상시키지 않고 마음속에 깊이 간직했습니다. 이렇게 마리아는 예수님의 어머니이면서, 예수님의 것을 남김없이 받아들이고 따른 분입니다.

마리아의 아들 예수님

¹예수님께서 그곳을 떠나 고향으로 가셨는데 제자들도 그분을 따라갔다. ²안식일이 되자 예수님께서는 회당에서 가르치기 시작하셨다. 많은 이가 듣고는 놀라서 이렇게 말하였다. "저 사람이 어디서 저 모든 것을 얻었을까? 저런 지혜를 어디서 받았을까? 그의 손에서 저런 기적들이 일어나다니! ³저 사람은 목수로서 마리아의 아들이며, 야고보, 요세, 유다, 시몬과 형제간이 아닌가? 그의 누이들도 우리와 함께 여기에 살고 있지 않는가?" 그러면서 그들은 그분을 못마땅하게 여겼다. ⁴그러자 예수님께서 그들에게 이르셨다. "예언자는 어디에서나 존경받지만 고향과 친척과 집안에서만은 존경받지 못한다." (마르 6,1-4; 마태 13,54-57; 루카 4,16-22 참조)

예수님은 공생활을 시작하신 후 갈릴래아 호수 주변 여러 곳에서 하느님 나라를 선포하며 기적을 베푸십니다. 그러다가 잠시 고향 나자렛으로 돌아오십니다. 안식일에 예수님이 회당에서 사람들을 가르치시는데, 고향 사람들은 예수님의 말씀에 놀라워합니다. 비슷한 이야기를 전하는 루카 복음서를 보면, 이때 예수님이 은혜로운 희년을 선포하는 이사야 예언서의 한 대목을 읽은 후, "오늘 이 성경 말씀이 너희가 듣는 가운데에서 이루어졌다."라고 선언하면서 회당에 앉아 있던 사람들을 깜짝 놀라게 하십니다(루카 4,16-22 참조).

고향 사람들은 분명 예수님의 말씀에 지혜가 가득한 것을 느끼고 또 그 말씀의 은혜로움을 체험했을 것입니다. 그러면서도 어릴 때부터 자신들의 마을에서 자랐고 그 가족도 잘 알고 있는 예수님에게서 그런 지혜와 은총의 말씀이 나오는 것을 선뜻 받아들이지 못합니다. 그들은 혼란스러워하며 서로 웅성거립니다.

'지혜'는 성경에서 매우 중요한 주제입니다. 구약 중에 지혜를 주제로 하는 책이 다섯 권(욥기, 잠언, 코헬렛, 지혜서, 집회서)이나 있습니다. 그중 잠언에서는 지혜에 대해 다음과 같이 말합니다. "주님께서는 그 옛날 모든 일을 하시기 전에, 당신의 첫 작품으로 나를 지으셨다. 나는 한처음 세상이 시작되기 전에, 영원에서부터 모습이 갖추어졌다."(잠언 8,22-23) 이렇게 지혜는 태초부터 하느님과 함께했으며, 모든 만물이 지혜를 통해 창조되고 길러졌습니다.

지혜는 세상 창조와 구원의 역사에 함께했기에, 궁극적으로 하느님이 예수님의 십자가를 통해 우리 죄를 용서하시고 구원하신 사랑이 최고의 지혜입니다. 열두 살 어린 나이에 성전에서 율법 교사들을 경탄하게 할 만큼 슬기로우셨던 예수님의 지혜는 마리아와 요셉이 함께하는 성가정에서 날로 자랐습니다(루카 2,52 참조). 그리고 예수님은 하느님 아버지의 뜻에 순종하여 십자가 위에서 돌아가시고 부활하심으로써 우리를 구원하셨습니다. 바오로 사도는 코린토 신자들에게 보낸 첫째 서간 1장에서 '지혜'라는 말을 열두 번이나 사용하면서, 이 일을 이루신 그리스도가 곧 하느님의 지혜이시라고 단호하게 선언합니다. 구약의 지혜가 예수님에게서 완성되는 것입니다.

예수님의 말씀에서 지혜와 은혜로움을 느끼며 감사하기보다 오히려 황당하게 여기는 나자렛 사람들은 예수님이 목수이고 마리아의 아들이지 않느냐며 서로 말을 주고받습니다. 마태오 복음서에서는 사람들이 예수님을 목수의 아들이라고 표현하는 부분이 나오는데, 어느 쪽이든 사람들의 생각은 같습니다.

그러나 예수님에게서 특별한 권위가 있음을 받아들일 준비가 전혀 되어 있지 않은 사람들에게도, 예수님은 지혜와 은혜가 가득한 가르침을 분명하게 주십니다. 우리는 이런 주님의 은총이 늘 우리 가까이에 있다는 사실을 기억해야 합니다. 주님의 은총이 부족한 것이 아니라, 내 이웃이 누구든 간에 그는 은총의 사람인 것입니다. 그러나 주변에서 일어나는 일들이 은혜로운 사건일 수 있다고 받아들일 준비가 되어 있지 않을 수도 있습니다. 나자렛 사람들이 그러했습니다.

예수님은 이렇게 아무 준비가 되어 있지 않은 사람들에게조차 당신의 말씀에 담긴 지혜를 느낄 수 있는 가르침을 주셨고, 이에 성경은 예수님이 곧 인간을 구원하고자 하시는 하느님의 지혜라고 선포합니다.

교회에서 마리아를 부르는 여러 호칭 가운데에는 '지혜의 어머니'라는 말도 있습니다. 마리아는 우리를 구원하시는 '하느님의 힘이며 지혜'이신 그리스도를 낳아 길러 준 어머니입니다.
성경의 여러 곳에서 볼 수 있듯이 마리아는 참으로 지혜로웠습니다. 만일 우리가 이해할 수 있는 것만 받아들인다면, 우리는 하느님을 받아들일 수 없습니다. 하느님의 생각은 우리의 생각과 같지 않습니다. 하느님은 우리가 헤아릴 수 없는 자비로 우리를 구원하십니다.
자신이 겪는 고통을 이해할 수 없어 수많은 말로 탄원을 올리며 하느님의 뜻을 물었던 욥은 "당신께서는 '지각없이 내 뜻을 가리는 이자는 누구냐?' 하셨습니다. 그렇습니다, 저에게는 너무나 신비로워 알지 못하는 일들을 저는 이해하지도 못한 채 지껄였습니다."(욥 42,3)라고 고백합니다. 마리아는 하느님의 말씀 앞에 자신의 생각을 내려놓았고, 이해할 수 없는 말씀과 사건을 그대로 바라보고 마음속에 새겨놓았습니다. 그토록 크신 하느님을 우리 안에 모시는 길을 마리아는 우리에게 보여 줍니다.

사도들의 어머니가 되신
십자가 곁의 마리아

²⁵예수님의 십자가 곁에는 그분의 어머니와 이모, 클로파스의 아내 마리아와 마리아 막달레나가 서 있었다. ²⁶예수님께서는 당신의 어머니와 그 곁에 선 사랑하시는 제자를 보시고, 어머니에게 말씀하셨다. "여인이시여, 이 사람이 어머니의 아들입니다." ²⁷이어서 그 제자에게 "이분이 네 어머니시다." 하고 말씀하셨다. 그때부터 그 제자가 그분을 자기 집에 모셨다.
²⁸그 뒤에 이미 모든 일이 다 이루어졌음을 아신 예수님께서는 성경 말씀이 이루어지게 하시려고 "목마르다." 하고 말씀하셨다. (요한 19,25-28)

예수님의 십자가 곁에는 3년 동안 그분 곁을 따르며 수많은 기적과 가르침을 받은 제자들이 대부분 없습니다. 복음서는 예수님이 잡히실 때 제자들이 모두 예수님을 버리고 달아났고, 심지어 제자로 생각되는 한 젊은이는 사람들이 붙잡자 몸에 두르고 있던 아마포를 버리고 알몸으로 달아났다고 전합니다(마르 14,50-52 참조).

예수님의 십자가 곁에는 예수님의 어머니 마리아와 마리아 막달레나, 몇몇 여인 그리고 요한 사도로 알려진, 제자들 가운데 주님이 사랑하시던 제자가 있습니다. 즉 스스로 예수님을 따른다고 자부하던 사람들이 아니라 그분을 사랑하는 사람들이 그 곁을 지키고 있는 것입니다.

예수님은 마리아에게 제자를 아들로, 제자에게 마리아를 어머니로 맡기십니다. 그 뒤 그 제자는 마리아를 자기 집에 모십니다. 그런데 이것은 홀로 있게 된 마리아를 누가 모시느냐에 관한 이야기가 아닙니다. 이후로 마리아는 예수님의 부활 소식을 듣고 다시 모인 제자들과 함께하고, 오순절 성령 강림 때 제자들과 함께 교회 설립의 증인이 됩니다. 예수님은 제자들 가운데 십자가 곁에 홀로 남은 사랑하는 제자를 통해 사도들에게 마리아를 어머니로 맡기신 것입니다. 그래서 마리아는 사도들의 어머니입니다.

우리는 예수님이 마리아와 사랑하는 제자를 이렇게 이어 주셨을 때, "모든 일이 다 이루어졌음을 아신 예수님"이라고 한 부분에 주목할 필요가 있습니다. 십자가 위에서 돌아가심으로써 우리 죄를 대신하여 속죄 제물이 되실 준비를 마치신 예수님이, 당신의 일을 완전하게 마치기 위해서 마리아를 사도들의 어머니로 정해 주셨다는 뜻이기 때문입니다.

'하느님께서 세상을 너무나 사랑하신 나머지 외아들을 내주시어, 그를 믿는 사람은 누구나 멸망하지 않고 영원한 생명을 얻게 하신'(요한 3,16 참조) 일을 교회가 계속해 나가야 합니다. 그래서 예수님은 베드로 사도에게 교회를 세우신다고 약속하셨고, 장차 성령을 통해 이 일을 시작하십니다. 교회 공동체 안에서 사도들이 이 직무를 맡아 수행하지만, 마리아를 사도들의 어머니로 정하신 것은 사도들 안에서 여전히 마리아의 역할이 있다는 것을 의미합니다.

마리아는 하느님의 아드님이 인간의 구원을 위하여 인간이 되어 이 세상에 오신다는 사실을 가장 먼저 받아들였습니다. 그리고 어머니로서 하느님의 아드님 예수님을 낳아 기르고, 제자로서 평생 그분을 따랐습니다. 마리아의 이 모습이 바로 교회가 걸어야 할 길입니다. 교회는 예수님의 가르침을 따르면서 세상이 그분을 만나고 받아들일 수 있도록 전해야 하는 공동체이기 때문입니다. 사도들이 무엇을 해야 하는지 성령이 이끌어 주시겠지만, 그들 곁에 이미 그 길을 훌륭하게 걸어 온 마리아가 눈에 보이는 표지로 함께 있을 것입니다. 이것이 십자가 위에 매달리신 예수님이 원하셨던 일입니다.

아들 예수님을 잉태하는 것으로 시작된 마리아의 모성은 처음부터 평범하지 않았습니다. 간음한 여인으로 율법에 따라 돌에 맞아 죽을 수도 있는 일이었지요. 마리아는 예수님의 탄생과 어린 시절에 거듭

된 놀랍고 이해하기 힘든 일들을 마음에 새기며 예수님의 뒤를 끝까지 따랐습니다. 그리고 십자가 위에 못 박힌 아들 곁에서 슬퍼할 겨를도 없이 그분의 말씀대로 제자를 따라갔습니다. 이렇게 우리는 마리아에게서 자식을 낳아 기르는 육신의 어머니로서의 역할은 물론, 일생 예수님을 향한 온전한 헌신을 봅니다.

"나는 길이요 진리요 생명"(요한 14,6)이라고 하신 예수님이 하느님을 향한 길이라면, 마리아는 그 곁에서 예수님을 향한 흠 없는 길을 보여 줍니다. 이를 통해 우리는 교회가 시작될 때 사도들 곁에서 마리아가 어떤 역할을 했는지 느낄 수 있습니다. 그렇기에 우리가 마리아를 공경하면서 그분과 영적 친교를 이루어야 할 분명한 이유가 있는 것입니다.

사도들과 함께 계신 교회의 어머니, 마리아

¹²그 뒤에 사도들은 올리브 산이라고 하는 그곳을 떠나 예루살렘으로 돌아갔다. 그 산은 안식일에도 걸어갈 수 있을 만큼 예루살렘에 가까이 있었다. ¹³성안에 들어간 그들은 자기들이 묵고 있던 위층 방으로 올라갔다. 그들은 베드로와 요한과 야고보와 안드레아, 필립보와 토마스, 바르톨로메오와 마태오, 알패오의 아들 야고보와 열혈당원 시몬과 야고보의 아들 유다였다.

¹⁴그들은 모두, 여러 여자와 예수님의 어머니와 그분의 형제들과 함께 한마음으로 기도에 전념하였다. (사도 1,12-14)

부활하신 예수님이 제자들에게 여러 차례 나타나신 후, 하늘나라로 승천하시며 그들에게 예루살렘에서 기다리라고 명하셨습니다.

"내 아버지께서 약속하신 분을 내가 너희에게 보내 주겠다. 그러니 너희는 높은 데에서 오는 힘을 입을 때까지 예루살렘에 머물러 있어라."
(루카 24,49)

루카 복음사가는 복음서에 이어 사도행전을 쓰면서 그 서두에 예수님이 보내기로 약속하신 분은 곧 성령이시며, 사도들은 성령의 힘을 받아 온 세상에 예수님의 증인이 될 것이라고 선포합니다(사도 1,8 참조). 그리고 오순절 성령 강림과 함께 예수님의 말씀이 그대로 이루어집니다.

사도들이 예루살렘에서 예수님이 성령을 보내 주시기를 기다릴 때에 마리아가 그들과 함께 있었습니다. 마리아는 이제 아들이 된 제자들과 함께 한마음으로 기도에 전념하며 주님의 약속을 기다립니다. 그러다가 유다인의 축제일인 오순절에 기적적인 사건이 일어납니다. 집 안에 모여 있던 사도들에게 불꽃 모양의 혀들이 내려오고, 사도들은 성령으로 가득 차서 성령이 주시는 언어로 말하기 시작합니다.

축제를 지내러 세계 곳곳에서 온 유다인들이 각자 자기 지방의 언어로 이를 알아듣습니다. 이들은 성령에 힘입어 힘차게 예수님의 죽으심과 부활을 증언하는 베드로 사도의 설교에 감화되어 회개하고, 이날 3천 명가량 되는 사람들이 세례를 받습니다. 이것이 성령이 이끄시는 교회의 시작입니다(사도 2,1-41 참조). 교회가 시작되는 이때에 사도들의 어머니인 마리아는 사도들과 함께 교회 설립의 증인이 되었습니다.

얼마 전 예수님이 붙들려 가실 때 모두 흩어졌던 제자들이 예수님의 부활 소식을 듣고 다시 모였습니다. 그러나 그들은 무엇을 어떻게 해야 할지 몰랐습니다. 한편으로 예수님을 십자가에 못 박은 유다인들이 무서워 문을 걸어 잠그고 숨어 있었습니다. 그런 그들에게 예수님이 나타나서 당신의 부활을 확증해 주셨고, 세상 끝까지 복음의 증인이 되라고 명하며 성령이 힘이 되어 주실 것임을 약속하셨습니다.

성령이 내려오시자 사도들이 문을 열고 사람들 앞에 나아가 부활의 증인이 되었다는 것은 무엇을 의미할까요? 사도들이 성령을 통하여 새로운 것을 깨달은 것은 아닙니다. 그들이 사람들 앞에서 힘차게 외친 것은 이미 예수님에게서 배우고 또 직접 눈으로 보고 겪은 것입니다.

예수님이 붙잡히시자 제자들은 그분을 버리고 도망쳤지만, 그분이 가르치신 진리는 그들 마음속에 있었습니다. 다만 그 가르침이 아직 그들의 언어가 되지 못했던 것입니다. 그러나 성령이 그들에게 내려오면서 그들 안에 숨어 있던 진리의 언어에 힘을 주시자, 그들은 그 진리의 깊이를 깨닫고 용기 내어 선포할 수 있게 되었습니다.

사랑은 미리 이해하고 하는 것이 아니라 사랑을 하면서 그 깊이를 선물로 받게 되는 것입니다. 예수님이 "아버지께서는 다른 보호자를 너희에게 보내시어, 영원히 너희와 함께 있도록 하실 것이다. …… 아버지께서 내 이름으로 보내실 성령께서 너희에게 모든 것을 가르치시고 내가 너희에게 말한 모든 것을 기억하게 해 주실 것이다."(요한

14,16,26)라고 하신 말씀은 이런 뜻이었습니다.

성령이 오실 때까지 마음속에 가장 많은 것을 새겨 놓은 인물은 마리아입니다. 마리아는 일찍이 "당신의 영혼이 칼에 꿰찔리는 가운데, 많은 사람의 마음속 생각이 드러날 것입니다."(루카 2,35)라고 하며 예수님의 고통에 동참하게 될 것이라는 시메온의 예언을 듣기도 했습니다.

시메온의 예언은 마리아를 바라보는 데 있어 매우 중요한 의미가 있습니다. 아기 예수님이 많은 사람을 쓰러뜨리기도 하고 일으키기도 할 것이라는 시메온의 예언은 메시아의 역할을 말한 것입니다. 믿음에 따라 사람들이 그렇게 갈릴 것이기 때문입니다. 그런데 마리아에 대해서도 마리아가 고통을 겪는 중에 많은 사람의 마음속 생각이 드러나게 되리라고 하며, 메시아의 역할과 아주 비슷한 예언을 합니다. 이 예언은 앞서 여러 번 언급한 구약의 창세기 3장 15절을 떠올리게 합니다.

사도들이 이제 막 세운 교회를 이끌어 갈 때, 마리아가 성령 곁에서 사도들을 도와준다는 것은 성경의 깊은 곳에 담긴 가르침입니다. 이런 의미에서 교회의 영성가들은 마리아를 '성령의 신부新婦'라고 부르기도 합니다. 마리아를 사도들의 어머니요, 교회의 어머니로 부르며 우리 믿음의 살아 있는 모범으로 삼을 수 있는 것은 우리에게 큰 은총이 아닐 수 없습니다.

천상 교회와 마리아

¹그리고 하늘에 큰 표징이 나타났습니다. 태양을 입고 발밑에 달을 두고 머리에 열두 개 별로 된 관을 쓴 여인이 나타난 것입니다. ²그 여인은 아기를 배고 있었는데, 해산의 진통과 괴로움으로 울부짖고 있었습니다.

³또 다른 표징이 하늘에 나타났습니다. 크고 붉은 용인데, 머리가 일곱이고 뿔이 열이었으며 일곱 머리에는 모두 작은 관을 쓰고 있었습니다. ⁴용의 꼬리가 하늘의 별 삼분의 일을 휩쓸어 땅으로 내던졌습니다. 그 용은 여인이 해산하기만 하면 아이를 삼켜 버리려고, 이제 막 해산하려는 그 여인 앞에 지켜 서 있었습니다.

⁵이윽고 여인이 아들을 낳았습니다. 그 사내아이는 쇠 지팡이로 모든 민족들을 다스릴 분입니다. 그런데 그 여인의 아이가 하느님께로, 그분의 어좌로 들어 올려졌습니다. ⁶여인은 광야로 달아났습니다. 거기에는 여인이 천이백육십 일 동안 보살핌을 받도록 하느님께서 마련해 주신 처소가 있었습니다.

⁷그때에 하늘에서 전쟁이 벌어졌습니다. 미카엘과 그의 천사들이 용과 싸운 것입니다. 용과 그의 부하들도 맞서 싸웠지만 ⁸당해 내지 못하여, 하늘에는 더 이상 그들을 위한 자리가 없었습니다. ⁹그리하여 그 큰 용, 그 옛날의 뱀, 악마라고도 하고 사탄이라고도 하는 자, 온 세계를 속이던 그자가 떨어졌습니다. 그가 땅으로 떨어졌습니다. 그의 부하들도 그와 함께 떨어졌습니다.

¹⁰그때에 나는 하늘에서 큰 목소리가 이렇게 말하는 것을 들었습니다. "이제 우리 하느님의 구원과 권능과 나라와 그분께서 세우신 그리스도의 권세가 나타났다. 우리 형제들을 고발하던 자, 하느님 앞에서 밤낮으로 그들을 고발하던 그자가 내쫓겼다. ¹¹우리 형제들은 어린양의 피와 자기들이 증언하는 말씀으로 그자를 이겨 냈다. 그들은 죽기까지 목숨을 아끼지 않았다. ¹²그러므로 하늘과 그 안에 사는 이들아, 즐거워하여라. 그러나 너희 땅과 바다는 불행하다. 시간이 얼마 남지 않은 것을 깨달은 악마가 큰 분노를 품고서 너희에게 내려갔기 때문이다."

¹³용은 자기가 땅으로 떨어진 것을 알고, 그 사내아이를 낳은 여인을 쫓아갔습니다. ¹⁴그러나 그 여인에게 큰 독수리의 두 날개가 주어졌습니다. 그리하여 그 여인은 광야에 있는 자기 처소로 날아가, 그 뱀을 피하여 그곳에서 일 년과 이 년과 반 년 동안 보살핌을 받았습니다. ¹⁵그 뱀은 여인의 뒤에다 강물 같은 물을 입에서 뿜어내어 여인을 휩쓸어 버리려고 하였습니다. ¹⁶그러나 땅이 여인을 도왔습니다. 땅은 입을 열어 용이 입에서 뿜어낸 강물을 마셔 버렸습니다. ¹⁷그러자 용은 여인 때문에 분개하여, 여인의 나머지 후손들, 곧 하느님의 계명을 지키고 예수님의 증언을 간직하고 있는 이들과 싸우려고 그곳을 떠나갔습니다. ¹⁸그리고 용은 바닷가 모래 위에 자리를 잡았습니다. (묵시 12,1-18)

요한 묵시록은 상징적인 언어들로 가득 차 있습니다. 태양을 입고 발밑에 달을 두고 머리에 열두 개 별로 된 관을 쓴 여인과 옛날의 뱀이며 악마요, 사탄인 용이 등장합니다. 여인은 해산의 고통에 울부짖다가, 이윽고 아들을 낳습니다.

용은 여인이 낳은 아이를 잡아먹으려 하지만, 미카엘 대천사와의 싸움에서 패배하여 땅에 떨어집니다. 그러고 나서 용은 여인을 해치려 하지만 하느님이 여인을 안전하게 보호하십니다. 그래도 용은 하느님의 계명을 지키고 예수님의 증언을 간직한 여인의 후손들과 싸우려고 준비합니다.

'옛날의 뱀'이라고 표현한 이 용의 정체는 창세기의 에덴동산 이야기를 떠올리면 쉽게 알 수 있습니다. 그렇다면 여인은 누구일까요? 여인은 쇠지팡이로 모든 민족을 다스릴 분 곧 메시아를 낳아 준 인물입니다. 앞서 창세기에서 여인은 뱀에게 대적할 인물로 예언되었지요. 그래서 많은 이가 이 여인이 바로 마리아라고 생각했습니다.

이 여인은 또한 교회 공동체의 모습을 지니고 있습니다. 구약에서 열두 지파가 이스라엘 백성이었던 것처럼, 신약에서 열두 사도는 새로운 이스라엘 곧 교회 공동체를 의미합니다. 그리고 요한 묵시록의 열두 개의 별은 종말론적인 천상 교회를 가리킵니다.

성경에서는 하느님과 그 백성, 예수님과 믿는 이들의 관계를 종종 혼인에 비유하기도 합니다. 이러한 비유에서 하느님의 백성과 교회는, 신랑이신 주님에게 사랑받는 신부로 그려집니다. "하느님의 계명을 지키고 예수님의 증언을 간직하고 있는 이들"이라고 한 여인의 후손은 분명 교회 공동체입니다. 그래서 이 여인에 관해, 악의 세력과 영적 투쟁을 하며, 세상에 그리스도를 선포하는 하느님 백성이자 교회라고 생각하는 이들도 많습니다.

그러나 사실 요한 묵시록의 이 여인이 과연 마리아인가 아니면 교회인가 물을 필요가 없습니다. 어찌 되었든 이 여인이 악마에 대적하며 메시아를 낳아 준 마리아의 모습을 지닌 것이 사실입니다. 설령 요한 묵시록을 쓸 때 이 여인을 교회 공동체로 생각했다고 해도, 그 교회를 그리는 데에 마리아의 이미지를 사용했다는 점이 매우 중요합니다. 바로 마리아의 삶 속에 교회의 원형이 깃들어 있기 때문입니다.

말씀이신 그리스도를 자신의 태중에 잉태하여 세상에 내어주고, 평생 그 뒤를 제자의 모습으로 온전히 따른 마리아의 삶은 곧 교회가 가야 할 길입니다. 마리아의 모습을 잘 그리면 교회가 된다고 말할 수 있습니다.

교회가 마리아를 처음부터 훌륭한 삶을 살았던 어떤 개인으로 여겼던 것은 아닙니다. 구약의 창세기와 신약의 시메온의 예언에서처럼 하느님이 이끌어 가시는 구원의 역사에서 특별한 역할을 맡았다고 믿어 왔지요. 주님을 온전히 받아들여야 했기에 자신의 것을 모두 포기하고, 당신이 낳은 예수님이 가신 십자가의 길을 함께 가야 했던 마리아, 그리고 그 고난의 길을 계속 가야 할 교회의 어머니로서의 마리아의 삶은 교회의 본질과 하나입니다.

현대 교회가 갈 길을 모색한 제2차 바티칸 공의회에서는 많은 대화를 거쳐 〈교회 헌장〉 마지막 장(제8장) 제목을 '그리스도와 교회의 신비 안에 계시는 천주의 성모 복되신 동정 마리아'라는 이름으로 하며, 교회론과 마리아론이 근본적으로 하나임을 천명했습니다.

교의 안에서의
마리아

하느님의 어머니

임마누엘은 진정 하느님이시고 그러므로 거룩한 동정녀는 하느님의 어머니이시다. 왜냐하면 마리아는 하느님으로부터 유래하는 육신을 취하신 로고스를 육체적으로 낳았기 때문이다. 이와 같이 고백하지 않는 자는 단죄받을지어다. (431년 에페소 공의회)

사도들이 교회를 설립한 후, 그리스도교는 길고도 험난한 박해 시기를 거쳤습니다. 그러다가 313년 콘스탄티누스 황제의 밀라노 칙령으로 공인받고, 그 후 로마의 국교가 되었습니다. 그리하여 그리스도교가 로마 제국 안에 급속히 퍼져 나갔습니다. 하지만 오늘날 그리스도교 신자들이 믿고 받아들이는 교리가 정립되기까지는 수백 년이 걸렸습니다.

사실 모든 교리의 근간은 '예수님이 어떤 분이신가?'입니다. 성경은 예수님이 하느님의 아드님이시고 태초부터 하느님과 함께 계셨으며 하느님과 같으신 말씀이라고 분명히 가르쳐 줍니다. 그리고 그분은 세상에 오실 때 우리와 똑같은 인간이 되셨습니다. 예수님은 참인간이시기에 그분이 십자가에서 겪으신 고통은 진실되었습니다. 또한 참 하느님이시기에 그 고통에는 속죄의 힘이 있었습니다.

"그분께서는 하느님의 모습을 지니셨지만 하느님과 같음을 당연한 것으로 여기지 않으시고 오히려 당신 자신을 비우시어 종의 모습을 취하시고 사람들과 같이 되셨습니다. 이렇게 여느 사람처럼 나타나 당신 자신을 낮추시어 죽음에 이르기까지, 십자가 죽음에 이르기까지 순종하셨습니다."(필리 2,6-8)

그런데 처음에는 예수님이 하느님이시며 동시에 인간이심을 받아들이기 쉽지 않았습니다. 영지주의자라고 불리는 사람들이 있었는데, 그들은 육적인 것보다 영적인 것, 눈에 보이는 세계보다 눈에 보이지 않는 세계에 깊이 심취했습니다. 사실 우리의 신앙은 근본적으로 영적이기에 이런 관점은 충분히 지닐 수 있습니다. 그래서인지 교회의 역사에서 이러한 집단들이 여러 차례 등장했습니다.

영지주의자들은 예수님이 하느님의 아드님이라고 믿었지만, 하느님의 아드님이 우리와 같은 인간이 되셨다는 것은 받아들이지 않았습니다. 그래서 그들은 하느님의 아드님이 인간의 모습으로 오셨지만,

인간과 같은 모습을 취했을 뿐, 모든 점에서 인간이 되신 것은 아니라고 주장했습니다.

한편, 예수님이 인간이셨음을 받아들이면서도, 처음부터 그분이 하느님의 아드님은 아니었다고 주장하는 사람들도 있었습니다. 앞서 잠깐 언급한 바 있는 '양자설'을 주장한 사람들이었지요. 이들은 예수님이 본래 우리와 같이 세상에 태어난 사람 중 하나인데, 어느 누구도 흉내 낼 수 없이 하느님의 뜻에 온전히 순명하셨고 하느님께 자신의 모든 것을 온전히 봉헌했기에, 하느님이 당신의 아들로 인정해 주셨다고 믿었습니다.

사실 영지주의자들이나 양자설을 주장한 사람들 모두 나름대로 깊은 신앙을 지닌 사람들이었습니다. 다만 하느님의 아드님이 인간이 되신 신비를, 사람이 이해할 수 있는 범주 안에서 받아들이면서 설명하려고 했기에 결국 이단이 된 것입니다.

교회 역사에서 수많은 이단이 있었는데, 그 주장은 조금씩 다르지만 크게 보면 위의 두 가지 오류를 반복하고 있습니다. 초대 교회 수백 년 동안의 긴 교리 논쟁을 거쳐 교회는 예수님이 참하느님이시며 참인간이심을 부정하면 성경의 계시를 근본적으로 잘못 받아들이게 된다는 결론에 이르렀고 이를 천명하게 된 것입니다.

신약에서 토마스 사도의 고백을 보면 이것을 잘 알 수 있습니다. 토마스 사도는 예수님 가까이에서 그분의 가르침을 듣고 동행했고, 그분을 자기와 똑같은 사람으로 느끼며 모신 사도 중 한 명이었습니다.

그래서 예수님의 부활 소식을 듣고도 그분의 상처에 손을 넣지 않으면 믿지 못하겠다며 의심했습니다. 부활하신 예수님이 토마스 사도에게 십자가 위에서 받으신 상처를 보여 주시자 토마스 사도는 그 자리에 엎드려 "저의 주님, 저의 하느님!"이라고 신앙 고백을 했습니다(요한 20,24-29 참조).

예수님이 하느님의 아드님으로서 하느님과 같은 분이시며 이 세상에 우리와 같은 인간으로 오셨다는 것이 올바른 계시임을 천명하는 과정에서, 마리아가 어떤 분인지 묻게 되었습니다. 논쟁의 핵심은 마리아가 예수님의 신성과 인성 모두를 낳았냐는 것이었습니다. 대부분의 교부들은 예수님은 신성과 인성이 온전히 결합된 분이시고, 마리아가 그런 예수님을 낳았기 때문에 당연히 마리아를 '하느님의 어머니'라고 불러야 한다고 생각했습니다.

마태오 복음서 16장을 보면, 예수님은 제자들에게 사람들이 당신을 어떻게 생각하느냐고 물으십니다. 제자들의 대답을 들은 예수님이 "그러면 너희는 나를 누구라고 하느냐?" 하고 물으시자 베드로 사도가 즉시 나서서 "스승님은 살아 계신 하느님의 아드님 그리스도이십니다." 하고 대답합니다. 그러자 예수님은 베드로 사도에게 이 신앙 고백 위에 교회를 세우겠다고 하시며 그에게 하늘나라의 열쇠를 주십니다(마태 16,13-20 참조). 이것은 예수님 안에 신성과 인성이 완전히 결합되어 있음을 잘 드러내는 장면입니다.

'하느님의 어머니'라는 칭호는 태초에 마리아가 있었다든가 마리아가 창조주 하느님을 낳았음을 뜻하지 않습니다. 마리아가 낳은 예수님이 우리를 구원하러 이 세상에 오신 참하느님이시라는 뜻입니다. 3~4세기 즈음 파피루스에 쓰인 기도문에도 "거룩하신 천주의 성모님, 저희를 지켜 주시고 어려울 때 저희가 드리는 간절한 기도를 물리치지 마소서. 또한 온갖 위험에서 언제나 저희를 지켜 주소서. 영화롭고 복되신 동정녀시여."라는 고백을 볼 수 있습니다. 이 기도문은 지금도 '일을 마치고 바치는 기도'로 쓰이고 있습니다.

그러나 '하느님의 어머니'라는 칭호를 받아들이지 못한 사람들도 있었습니다. 그중 가장 대표적인 인물이 콘스탄티노플의 네스토리우스 대주교였습니다. 그는 예수님이 지상에서 우리의 구원자로서 활동하신 그 부분만을 생각해야 한다고 여기며 마리아를 '하느님의 어머니'가 아닌 '그리스도의 어머니'라고 불러야 한다고 주장했습니다. 그러나 이 주장을 따라가면 예수님 안에서 신성과 그리스도로서의 역할이 따로 있는 것처럼 되어, 결국 앞서 본 영지주의자들과 비슷한 오류를 범하게 됩니다.

초대 교회의 긴 역사를 통해 예수님에 관한 교리가 정리되고 삼위일체 교리도 온전한 모습을 갖추게 되었습니다. 그런 신앙 유산을 받은 오늘날의 우리는 마리아를 '예수님의 어머니', '그리스도의 어머니', '하느님의 어머니' 그 어떤 호칭으로 불러도 문제가 되지 않습니다. 그러나 그렇게 되기까지 교회는 어렵고 긴 교리 논쟁을 벌였고,

그 사이에 여러 이단이 나왔다가 사라졌습니다.

이 글의 맨 앞에 제시된 선언문은 마리아를 '하느님의 어머니'라고 불러야 한다는 초대 교회의 분명한 입장을 드러낸 것으로서, 이 교리를 옹호하는 데에 큰 공을 세운 알렉산드리아의 치릴로 주교가 쓰고 이후에 에페소 공의회(431년)에서 받아들인 것입니다. 그리고 제2차 콘스탄티노플 공의회(553년)에서 다시 한 번 하느님의 어머니이신 마리아에 관한 신앙 교의가 선언되었습니다. 이 선언문 끝에 "단죄받을지어다."라고 단호하게 선포한 것은 이러한 교리들이 정착되는 과정에서 여러 이단을 물리쳐야 했던 상황을 반영합니다.

평생 동정이신 마리아

> 평생 동정이시며 거룩한 하느님의 모친이시며 티 없이 깨끗하신 마리아가 …… 하느님이신 말씀을 남자의 씨앗에서가 아니라 성령으로 말미암아 잉태하셨으며, 동정이 손상되지 않고 낳으셨고, 출산 후에도 영원히 동정이시라는 것을 고백하지 않는 자는 단죄받을지어다. (649년 라테란 공의회)

오늘날 가톨릭 신자들이 당연하게 고백하는 이 교의는 라테란 공의회(649년)에서 선포되었습니다. 이 선언에는 마리아의 평생 동정성과 함께 앞서 살펴본 '하느님의 어머니'에 대한 교리가 포함되어 있습니다.

마리아가 평생 동정이었다는 교리는 초대 교회 때부터 교부들의 수많은 저작은 물론, 앞에서 언급한 제2차 콘스탄티노플 공의회(553년)에서도 매우 강조되었습니다. 마리아의 평생 동정에 관한 성경 기록은 없습니다. 하지만 교회는 성경에 나타나는 마리아의 삶에서, 하느님의 아드님을 잉태하게 된 것에 대해 "저는 주님의 종입니다. 말씀하신 대로 저에게 이루어지기를 바랍니다."(루카 1,38)라고 응답한 후, 마리아가 하느님께 평생 자신의 삶을 온전히 봉헌했다고 믿는 것입니다.

마리아에 관한 교회의 가르침 중에서 개신교 학자들이 특히 비난하고 부정하는 교리가 바로 마리아의 평생 동정입니다. 그들은 "잠에서 깨어난 요셉은 주님의 천사가 명령한 대로 아내를 맞아들였다. 그러나 아내가 아들을 낳을 때까지 잠자리를 같이하지 않았다."(마태 1,24-25) 그리고 "저 사람은 목수로서 마리아의 아들이며, 야고보, 요세, 유다, 시몬과 형제간이 아닌가? 그의 누이들도 우리와 함께 여기에 살고 있지 않는가?"(마르 6,3) 등의 성경 구절을 근거로 제시하며 마리아의 평생 동정을 부정합니다.

그러나 많은 성서학자들이 이러한 표현과 언어들이 결코 마리아의 지속적인 동정성을 부정하는 것이 아님을 증명했습니다. 요셉이 아내가 아들을 낳을 때까지 잠자리를 같이하지 않았다고 함은 아이를 낳은 다음의 생활을 암시하는 것이 아니라, 천사의 말을 요셉이 얼마나 경건하게 받아들였는지를 보여 주는 것입니다. 예수님의 형제들에 대한 표현의 경우도 그 당시의 언어에서 '형제'는 가까운 친척을 언급할 때에도 쓰는, 넓은 의미를 지닌 단어였습니다.

성경이 직접적으로 마리아의 평생 동정을 드러내지는 않습니다. 그러나 초대 교회 때부터 성경에 나오는 마리아의 모습과 사도들로부터 내려온 전승을 깊이 묵상하고 성찰하면서 마리아의 평생 동정에 대한 믿음이 자연스럽게 정착되었습니다. 개신교가 생기기 약 천 년 전부터 이어 온 교리인 것이지요. 마리아의 평생 동정은 단순히 육체적인 동정의 문제가 아니라, 모든 것을 버리고 오로지 하느님께 자신을 봉헌한 마리아의 삶에 대한 믿음이고 찬미이기에, 교회가 이를 믿을 교리로 선포한 것은 당연한 일입니다.

그래도 누군가가 성경 구절을 들어 마리아가 다른 여러 자녀도 낳았다고 주장한다면, 이에 대해 우리가 살펴볼 수 있는 성경 구절이 있습니다. 우리는 예수님이 열두 살이 되었을 때 요셉과 마리아가 파스카 축제에 참여하기 위해 예수님을 데리고 예루살렘으로 올라간 이야기(루카 2,41-52 참조)를 잘 알고 있습니다. 요셉과 마리아에게 여러 자녀가 있었다면, 아무런 언급도 없이 예수님만을 데리고 예루살렘으로 간다는 것은 생각할 수 없습니다. 그리고 예수님이 십자가 위에서 사랑하는 제자에게 마리아를 어머니로, 마리아에게 제자를 아들로 주신 것은(요한 19,26-27 참조) 마리아가 다른 어떤 자녀와 살고 있지 않았다고 생각할 수 있습니다.

하느님께 삶을 봉헌한 마리아가 평생 동정으로 살았음은 그리스도인들의 삶에 있어 큰 모범입니다. 특히 독신으로 사는 사제와 수도자에게 마리아는 크나큰 모범이자 위로가 되지요. 또한 마리아는 가정을 꾸리고 사는 평신도들도 하느님이 보시기에 아름다운 가정을 이루며 세상 안에서 복음적인 삶에 투신할 수 있도록 이끌어 줍니다.

마리아의 평생 동정은 교회 안에서 마리아의 삶을 보여 주는 중요한 믿음으로 자주 언급되었습니다. 바오로 6세 교황은 교회에서 확고하게 선언한 '출산 전, 출산 중 그리고 출산 후에도 지속되는 마리아의 동정성'을 '생물학적 · 신비적 · 영적'으로 폭넓게 이해하도록 강조했습니다. 그리고 제2차 바티칸 공의회 문헌 중 〈교회 헌장〉에서는, 신자들이 '우리 주 천주 예수 그리스도의 어머니이시며 영광스러운 평생 동정이신 마리아'(《로마 미사 전례서》 감사 기도 제1양식)를 기억하며 공경한다고 명시되어 있습니다.

원죄 없이 잉태되신 마리아

복되신 동정녀 마리아는 잉태된 첫 순간부터 인류의 구세주이신 예수 그리스도의 공로와 전능하신 하느님의 유일무이한 은총의 특전으로 말미암아 원죄에 물들지 않고 순수하게 보전되었다. (1854년 비오 9세 교황, 〈무량하신 하느님〉)

마리아가 원죄에 물들지 않고 잉태되었다(무염시태無染始胎)는 믿음도 초대 교회부터 자연스럽게 형성되고 전승되어 왔습니다. 앞에서 인용한 라테란 공의회 선언문(649년)의 "평생 동정이시며 거룩한 하느님의 모친이시며 티 없이 깨끗하신 마리아"에서 '티 없이 깨끗하신'은 '죄에 물들지 않음' 곧 '원죄 없이 잉태되었음'을 표현하는 말입니다. 이 교리는 교부들로부터 내려오는 거룩한 유산이며, 교회 안에서는 이미 마리아의 원죄 없는 잉태 축일을 미사 전례로 거행하고 있었습니다. 이러한 교회의 전승을 1854년 12월 8일, 비오 9세 교황이 교서 〈무량하신 하느님〉에서 분명하게 선포했습니다.

이 교의가 선포되자 교회 안팎에서 많은 우려와 비난이 터져 나왔습니다. 개신교에서는 이 교의에 관한 성서적인 근거가 없다고 반박하며 이단적이라고까지 비난했습니다. 교회 내에서도 이 교의에 대한 개신교의 반발로 인해 교회 일치 운동에 큰 지장을 받을 수 있다는 우려가 나오기도 했습니다.

그러나 교회가 선포한 마리아의 원죄 없는 잉태는 성경의 가르침에 어긋나지 않습니다. 가톨릭교회는 모든 사람이 원죄를 갖고 태어나며, 삼위일체 하느님에 대한 신앙 고백과 세례를 통해 그 죄가 씻긴다는 근본 교리를 계속 보존하고 있습니다.

마리아가 원죄 없이 잉태되었음은 마리아가 우리와 다른 예외적인 인물 혹은 신적인 존재라는 뜻이 아닙니다. 우리가 세례를 통해 원죄의 씻김을 받듯이, 마리아가 하느님으로부터 예수 그리스도를 잉태할 몸으로 선택을 받으면서, 달리 말하면 마리아의 몸이 하느님의 아드님을 담을 거룩한 그릇으로 선택되면서 미리 원죄의 사함을 받았다는 의미입니다.

따라서 마리아는 우리가 세례를 통해 받을 은총을 미리 받은 '특별한 분'이지만, 마리아도 하느님의 은총을 통해 원죄의 사함을 받아야 하는, '예외가 아닌 분'인 것입니다. 앞의 선언문에서 "구세주이신 예수 그리스도의 공로와 전능하신 하느님의 유일무이한 은총의 특전으로" 원죄에 물들지 않았다는 것이 바로 이것을 의미합니다.

원죄와 직접 관련되지는 않지만, 하느님의 선택은 그 생명이 잉태될 때부터 시작된다는 성경 구절들을 깊이 성찰할 필요가 있습니다. 예언자로 부르심을 받고 많은 고통 중에 임무를 수행했던 예레미야 예언자에게 하느님은 "모태에서 너를 빚기 전에 나는 너를 알았다. 태중에서 나오기 전에 내가 너를 성별하였다. 민족들의 예언자로 내가 너를 세웠다."(예레 1,5)라고 말씀하셨습니다. 이사야 예언자는 "주님께서 나를 모태에서부터 부르시고 어머니 배 속에서부터 내 이름을 지어 주셨다."(이사 49,1)라고 고백했습니다.

한때 그리스도교를 박해하다 회심한 바오로 사도는 "어머니 배 속에 있을 때부터 나를 따로 뽑으시어 당신의 은총으로 부르신 하느님."(갈라 1,15)이라고 하면서, 자신이 태어나기 전부터 사도로서의 부르심을 받았다고 말합니다.

하느님이 마리아를 부르신 뿌리는 예언자나 사도들보다 훨씬 깊습니다. 우리가 이미 여러 번 보았듯이 하느님은 메시아와 함께 악마에게 대적할 여인을 약속하셨습니다(창세 3,15 참조). 그리고 구약의 여러 예언을 통해 임마누엘 하느님 또는 메시아를 낳아 줄 여인이 언급되었습니다.

가브리엘 대천사가 마리아를 찾아왔을 때의 첫 인사는 "은총이 가득한 이여"였습니다. 또 하느님의 아드님 잉태에 대하여 천사는 "성령께서 너에게 내려오시고 지극히 높으신 분의 힘이 너를 덮을 것이다."라고 했습니다(루카 1,26-38 참조). 천사의 이 말은 원죄를 씻어 주었다는 교리적인 선언이 아닙니다. 그러나 마리아와 관련된 성경의 다른 구절들과 함께 읽을 때, 마리아가 천사를 만나기 전에 이미 은총이 가득한 상태였고, 앞으로 하느님의 은총이 마리아에게 어떻게 작용될지를 잘 보여 줍니다.

아기 예수님을 봉헌하러 성전에 온 마리아에게 시메온이 아들의 죽음에 단순히 고통을 받는 것이 아니라, 그 고통으로 인해 사람들의 마음이 드러날 것이라고 한 예언(루카 2,25-35 참조)은, 마리아가 하느님의 구원 사업에 특별한 도구로 쓰인다는 말입니다. 마리아가 잉태될 때부터 원죄에 물들지 않는 은총을 받았다는 교리는, 하느님이 여러 가지 특별한 모습으로 선택하셨으며, 그 선택과 부르심에 합당하게 자신의 삶을 봉헌한 마리아의 전 생애를 깊이 성찰하고 나온 교회의 신앙 고백입니다.

마리아의 승천

원죄에 물들지 않고 평생 동정이셨던 하느님의 모친 마리아가 지상의 생애를 마치신 뒤 영혼과 육신이 함께 천상의 영광에로 들어 올림을 받았다는 것은 하느님으로부터 계시된 신앙의 진리이다. (1950년 비오 12세 교황, 〈지극히 관대하신 하느님〉)

마리아가 '하느님의 어머니'이며 '원죄 없이 잉태'되었고 '평생 동정'임은 교회가 공식적인 교의로 선포하기 전, 이미 교회 역사 초기부터 교부들과 신자들 사이에 받아들여졌으며 교부들의 글이나 기도문에도 언급되어 있었습니다. 그러다가 마침내 마리아가 참하느님이시며 참사람이신 예수 그리스도를 낳은 '하느님의 어머니'라는 교의가 공식적으로 선포되면서, 마리아에 관한 다른 교의들의 논의가 활발해졌습니다.

그중 '마리아의 승천'에 대한 믿음도 초대 교회의 여러 교부들이 받아들였고 글로도 남겼습니다. 8세기 초에 활동한 마지막 그리스 교부 다마스쿠스의 요한 성인은 다음과 같은 글을 남겼습니다. "자신에게서 태어난 성스럽고 깨끗한 몸, 말씀이신 하느님과 실재적으로 합일된 몸이 사흘째 되는 날 무덤에서 일어나셨듯이 무덤에서 마리아는 아들에게 돌려졌다. 그리고 아들이 어머니에게 내려왔듯이 어머니도 천국으로 올라간 것이다. …… 아기를 낳으면서도 티 없이 동정을 지켰으므로 사후에도 그 몸이 깨끗하게 보존되는 것은 옳은 일이다."

요한 성인이 남긴 이 글의 뜻은 아주 명확합니다. 마리아가 원죄 없이 잉태된 깨끗한 몸으로 오직 아들 예수님만을 받아들였고, 태중에 그분을 모신 중에는 온전히 예수님과 합일을 이루었습니다. 그리고 평생 동정으로 하느님께 일생을 봉헌하고 예수님을 따르며 영적으로 하나가 되어 살았기에, 예수님이 사흘 만에 부활하시고 승천하신 것처럼 마리아도 하늘에 불려 오르는 것은 마땅하다는 의미입니다.

이 교의에 관해 마리아를 하느님과 같은 신적인 존재로 여기는 것이라고 비난하는 사람들이 있습니다. 그러나 그렇지 않습니다. 마리아의 원죄 없는 잉태가 그렇듯이, 마리아의 승천 또한 오로지 하느님의 은총으로 이루어졌으며, 장차 주님을 믿는 사람들이 희망하는 하느님 나라 곧 구원의 은총을 증명합니다.

다시 말해 이 교의는, 믿는 이들이 종말에 맞게 되는 구원의 충만함을 마리아가 미리 얻은 은혜를 밝힌 것입니다. 예전에 사용했던 '몽소승천蒙召昇天(하느님의 부르심을 받아 하늘에 오르심)'이라는 용어는 마리아의 승천이 마리아 자신의 능력이 아니라 하느님의 은총에 의한 것임을 잘 표현합니다.

마리아는 우리와 똑같은 인간으로 태어나고 살았기에 그분이 걸은 길을 우리도 걸을 수 있고, 그분이 받은 은총 또한 우리도 받을 수 있음을 주님이 몸소 보여 주시는 것입니다. 마리아가 구원에 도달했다면 마리아의 삶은 우리에게 가장 크고 확실한 모범입니다.

교회 안에 오랫동안 전승되어 온 마리아의 승천에 관한 믿음을 1950년 11월 1일, 비오 12세 교황이 사도적 헌장 〈지극히 관대하신 하느님〉에서 장엄하게 선포했습니다. 앞서 나온 선언이 그 핵심입니다. 교황은 마리아의 승천 교의를 선포하면서 그리스도교 신자들 사이에 성모 신심이 더욱 깊어지기를 희망했습니다.

그뿐만 아니라 모든 이들이 구원에 도달한 마리아의 영광스러운 모범을 본받아, 하늘에 계신 아버지의 뜻을 이루며 인간 삶의 가치를 더 잘 깨닫게 되기를 기원했습니다. 그리고 마리아 육신의 승천에 대한 굳건한 신앙이 우리 자신의 부활에 대한 믿음을 더욱 돈독하게 할 것이라는 확신을 전했습니다.

이와 같이 마리아의 승천 교의는 원죄 없이 잉태되고 평생 동정인 마리아 교의의 자연스러운 귀결이라고 할 수 있습니다. 믿음이 우리를 구원한다면, 온전한 믿음으로 평생 주님을 따른 마리아가 지상 생활을 마치고 곧바로 하느님 나라로 부르심을 받았다고 믿는 것은 조금도 이상한 일이 아닙니다.

마리아의
발현

과달루페의 성모

멕시코는 고대 마야 문명과 아즈텍 문명의 중심지로 아주 높은 수준의 문화를 건설한 지역이었습니다. 스페인의 침략이 있기 전에도 여러 부족이 연합하여 체계적인 정부 조직을 운영하고 있었지요. 또한 철학, 천문학, 수학, 의학 등의 분야에서 큰 발전을 이루었습니다. 지금까지 남아 있는 멕시코의 옛 건축물이나 조각품들을 보면 이 문명이 얼마나 뛰어났는지 알 수 있습니다.

그런데 이 지역의 사람들은 고도로 발달된 문명을 이룬 데 비해 종교적으로는 아주 잔인한 면모를 지니고 있었습니다. 그들은 자신들이 믿는 신에게 인간을 산 제물로 바쳤습니다. 그들이 믿는 전설에 따르면, 태양신은 자신이 어머니 배 속에 있을 때 자신을 죽이려 했던 형제들에게 원한을 품고 있었습니다. 그래서 불뱀들을 보내 형제들을 죽였다고 합니다. 그 형제들이 다시 살아나 태양신을 죽였는데, 이때 태양신이 인간의 피를 마시면 다시 살아나 형제들을 물리치는 일이 반복되고, 여기에서 낮과 밤의 순환이 생겼다고 그들은 믿었습니다. 전해 오는 이야기에 따르면, 이로 인해 해마다 2만 명 이상의 여자와 아이들을 피의 제물로 신에게 바쳤다고 합니다.

이러한 멕시코에 스페인이 침략하면서 큰 변화가 일어났습니다. 1519년 스페인의 에르난 코르테스가 이끄는 군대가 멕시코를 침략했고 모든 원주민들이 그의 지배 아래 들어갔습니다. 아즈테카 왕국의 수도를 정복한 스페인 군대는 신에게 인간을 제물로 바치는 종교 시설을 비롯하여 많은 건물들을 파괴했습니다. 이로써 문명이 파괴되고 원주민들이 믿어 오던 종교마저 흔들리는 상황이 되었습니다.

이 과정에서 선교사들이 군인들의 폭력에 맞서 원주민의 편에 서서 활동하면서 그리스도교 복음이 원주민의 마음에 조금씩 스며들기 시작했습니다. 처음에는 스페인 군대의 폭력과 그리스도교 복음 사이에서 오는 혼란과 더불어 십자가 신앙을 선뜻 받아들이기 힘들어 하는 이들이 많았습니다. 그러나 선교사들의 노력으로 복음을 받아들이는 사람들이 서서히 늘기 시작했습니다. 그들 중에 1527년에 세례를 받은 후안 디에고와 그의 부인 루치아가 있었습니다.

1531년 12월 9일, 세례를 받은 지 얼마 되지 않은 후안 디에고가 새벽 미사에 참례하기 위해 테페약 언덕을 넘고 있을 때, 산꼭대기에서 아주 아름다운 음악 소리를 듣게 되었습니다. 디에고가 음악에 이끌려 발길을 옮기는데 갑자기 음악이 멈추고 깊은 정적이 감도는가 싶더니 "후안아, 후안 디에고야!" 하며 자신을 부르는 부드러운 음성을 들었습니다. 그가 설레는 마음으로 산 위에 오르자 거기에는 한 귀부인이 서 있었습니다. 그 부인의 옷은 태양처럼 눈부셨고 그 부인이 딛고 있는 바위는 보석처럼 빛났습니다.

귀부인은 디에고에게 물었습니다. "후안아, 나의 작은 아들아, 지금 어디를 가고 있느냐?" 이에 디에고가 "오 귀부인이시여, 저의 여주인이시여, 저는 지금 주님의 사도인 사제님들이 가르치시는 교리를 배우고 미사에 참례하러 갑니다." 하고 대답했습니다. 귀부인은 "나는 하늘과 땅의 참된 창조주이신 하느님의 영원한 동정 성모 마리아이며 너는 나의 작은 아들이다. …… 나는 이곳에 성당을 세우기를 간절히 바라고 있다. 그 성당에서 나의 사랑, 나의 자비, 나의 도움과 보호를 모두에게 베풀겠다."라고 하며 이 말을 주교에게 전하라고 했습니다.

이것이 성모 마리아의 첫 번째 발현이었습니다. 그 후 성모님은 며칠 사이에 디에고에게 세 번, 디에고의 삼촌에게 한 번, 이렇게 총 다섯 번 발현하셨습니다. 성모님이 발현하시던 중, 당시 멕시코의 초대 주교였던 후안 데 수마라가 주교는 디에고가 전하는 말을 믿기 어려워하며 표징을 가져오라고 했습니다. 또 사람을 시켜 몰래 디에고의 뒤를 따라가 조사를 하라고도 했습니다.

성모님은 세 번째 발현에서 주교가 보고 싶은 표징을 주겠다는 약속을 디에고에게 하셨습니다. 그런데 디에고가 집에 돌아와 보니 삼촌 후안 베르타르디노가 심한 열병에 걸려 누워 있었습니다. 다음 날 의사를 불러와 치료를 했지만 차도가 없었습니다. 죽음이 다가왔다고 느낀 삼촌은 디에고에게 틀라테롤코에 가서 고해성사를 줄 사제를 모셔 오라고 부탁했습니다. 디에고는 다음 날 이른 새벽에 사제를 모시러 가면서 혹시 도중에 성모님을 만나면 사제를 모셔 올 수 없다고 생각하고는 산을 돌아서 발길을 재촉했습니다.

그런데 그렇게 한참을 가고 있는 디에고 앞에 성모님이 나타나셨습니다. 성모님을 피하려다 만난 디에고가 부끄러워서 고개를 숙이고 삼촌의 사정을 아뢰며 다음 날 와서 성모님을 뵙겠다고 했습니다. 그러자 성모님은 "내가 항상 너와 함께 여기 있지 않느냐? 너의 보호자는 내가 아니냐?" 하는 말씀과 함께 삼촌의 병이 이미 나았다고 하셨습니다. 디에고가 나중에 돌아와 확인해 보니 성모님이 말씀하신 그 때 삼촌의 병이 나았다는 것을 알았습니다. 그리고 바로 이때 항상 함께하신다는 성모님의 말씀이 디에고의 삶을 근본적으로 변화시켜 주었습니다.

그 뒤 성모님은 '틸마'라고 불리는, 목에 두르거나 겉옷처럼 두르기도 하는 긴 천에 장미꽃을 담아 주교에게 전하라고 하셨습니다. 그때는 추운 겨울이었고 장미꽃이 피지 않을 시기였습니다. 디에고가 주교 앞에서 틸마를 펼쳐 장미꽃들을 바닥에 쏟는 순간, 틸마에 영원하신 천상 모후의 고귀한 모습이 나타났습니다. 묘하게도 성모님의 모습은 정복자 스페인 사람과 멕시코 원주민의 혼혈이었습니다.

틸마에 성모님의 모습이 나타난 순간, 주교와 함께 있던 모든 이들이 무릎을 꿇었고, 주교는 눈물을 흘리며 천상 모후의 말씀을 바로 알아듣지 못한 것에 거듭 용서를 청했습니다. 이 성모님의 모습은 오늘날까지 테페약의 성모 성당에 모셔져 있으며 '과달루페의 성모'라고 불립니다.

병의 치유를 받은 디에고의 삼촌도 성모님의 발현을 목격했고, 이를 주교에게 전했습니다. 성모님은 그에게 "주교를 만나 네가 본 것을 말하고 놀라운 치유에 대해 이야기하거라. 그리고 틸마에 나타난 모습은 과달루페의 영원하신 동정 마리아라고 말하여라."라고 하셨습니다. 주교는 성모님이 말씀하신 성당이 건립될 때까지 디에고와 그의 삼촌을 주교관에 머물게 했습니다.

그 후 주교는 서둘러 테페약 언덕 아래 소성당을 지었습니다. 그리고 주교관 사람들, 스페인 사람들, 멕시코 귀족들, 인근 마을의 추장들과 원주민들을 불러 대성당에서 시작하여 새로 지은 소성당까지 장엄한 행렬을 했습니다. 행렬 후 주교는 성모님의 성화를 제대 위에 안치하고 소성당을 축성하는 첫 미사를 봉헌했습니다. 미사를 드리는 동안 스페인 정복자들과 원주민들은 성화 앞에서 서로 갖고 있던 민족적인 적대감을 버리고 서로 얼싸안으며 화해했습니다.

이것이 원주민들의 삶의 변화의 시작이었습니다. 많은 원주민들이 이곳을 방문하여 성모님의 성화를 보며 성모님의 발현 이야기를 들었고, 이에 감동을 받아 세례를 청했습니다. 시간이 갈수록 점점 더 많은 사람들이 몰려와 8년 만에 9백만 명이나 세례를 받는 기적이 일어 났습니다. 사람을 제물로 바치는 관습도 사라졌습니다.

또한 성모님의 발현 후 많은 치유와 기적이 일어났습니다. 많은 병자들이 치유되었고, 위험에 빠진 이들이 성모님에게 청하여 도움을 받았습니다. 이들은 자신들의 체험을 증언하고 감사하기 위해 기적의 내용을 그림으로 그리고 간단한 설명을 붙여 액자에 넣어서 성당에 바쳤습니다. 지금도 이 성당의 박물관은 은혜를 받은 이들이 바친 액자로 가득 차 있습니다.

이러한 육체적인 치유도 있었지만, 더 많은 영적인 치유와 기적이 일어났습니다. 수많은 순례자가 성모님에게 위로를 받았고, 죄인들은 회개했으며, 냉담 교우들은 고해성사를 받고 신앙을 되찾았습니다.

성모님 발현의 증거가 너무 뚜렷했기 때문에 멕시코의 주교들은 교황청의 정식 기적 승인이 있기도 전에 과달루페의 성모님을 멕시코시티의 수호 성인으로 모셨습니다. 1754년 베네딕토 14세 교황이 과달루페의 성모님을 멕시코의 수호 성인으로 승인하고 고유 미사와 성무일도를 허락했습니다. 그 이후 과달루페의 성모님은 다른 여러 지역의 수호 성인이 되셨습니다. 1990년 5월 6일, 요한 바오로 2세 교황이 과달루페 성모 마리아 대성전에서 후안 디에고를 복자로 선포했고, 2002년 멕시코에서 그의 시성식을 거행했습니다.

과달루페는 성모님이 알려 주신 호칭으로, '뱀을 부순 여인'을 의미합니다. 테페약 언덕은 원래 원주민의 신을 모시던 곳으로, 원주민들은 이곳에서 여자와 아이들을 뱀신에게 제물로 바쳤습니다. 성모님은 바로 이곳을 택해 발현하시어 그 잔인한 종교적 관습을 사라지게 하셨습니다.

  또한 성모님은 스페인 정복자와 원주민의 갈등이 심하던 때에 스페인 사람과 원주민의 혼혈의 모습으로 발현하시어 그들 사이를 화해시켜 주셨습니다. 우리는 이를 통해 성모님 발현의 의미를 알 수 있습니다. 성모님은 하느님이 주신 생명을 보호하고, 하느님과 인간을 화해시키는 그리스도의 복음을 전하시는 것입니다.

루르드의 성모

성모님이 루르드에 발현하신 1858년은 프랑스 혁명이 일어난 지 70여 년이 지난, 교회가 아주 힘든 시련을 겪던 때였습니다. 교회의 중심인 로마와 교황권이 적대자들로부터 지속적인 공격을 받았고, 비오 9세 교황은 한때 로마를 떠나 가에타로 피신해야 했습니다.

마리아 베르나데트 수비루는 매우 가난한 방앗간 주인의 맏딸로 태어났습니다. 그녀는 10대 후반이 돼서야 비로소 읽고 쓰는 것을 배운 시골 소녀였습니다. 베르나데트가 열네 살이던 1858년 2월 11일, 그녀는 여동생과 친구와 함께 땔감으로 쓸 나무를 모으고 있었습니다. 냇물을 건너려고 신발을 벗는 순간, 베르나데트는 거센 바람이 부는 것 같은 소리와 함께 시내 반대편 마사비엘 동굴에서 금빛 찬란한 구름이 나타나고, 그 구름 한가운데 흰옷을 입은 아름다운 부인이 눈부신 빛에 둘러싸여 서 있는 것을 보았습니다.

베르나데트는 자기에게 가까이 오라고 손짓하는 그 부인이 성모님 이심을 즉시 알아차리고 무릎을 꿇고 묵주를 꺼내 기도했습니다. 이 소문이 삽시간에 동네에 퍼졌고 사람들은 성모님의 발현을 믿는 사람들과 그렇지 않은 사람들로 갈라졌습니다.

성모님은 1858년 2월 11일부터 7월 16일까지 18회에 걸쳐 발현하셨습니다. 2월 24일 여덟 번째 발현하셨을 때, 성모님은 베르나데트에게 사람들의 죄를 보속하는 뜻으로 무릎을 꿇고 땅에 입을 맞추라 하시고 죄인들을 위해 기도해 달라고 하셨습니다. 2월 25일 아홉 번째 나타나셨을 때에는 샘물을 알려 주셨는데, 그 샘물이 수많은 기적적인 치유의 원천으로서 루르드를 더 유명해지게 했습니다.

3월 2일에는 성모님이 자신이 있는 그 자리에 성당을 지으라고 말씀하셨습니다. 그리고 주님 탄생 예고 대축일인 3월 25일, 베르나데트는 동네 사람들이 요구하는 대로 성모님께 이름을 여쭤 보았습니다. 이에 성모님은 "나는 원죄 없이 잉태된 자다Que soy era immaculada Councepciou."라고 대답하셨습니다.

베르나데트는 자신이 알아들을 수 없는 이 말씀을 본당 신부에게 알렸습니다. 본당 신부는 베르나데트에 대해서 잘 알고 있는 사람이었기에, 그녀의 말을 믿었습니다. 이 해는 비오 9세 교황이 '마리아의 원죄 없으신 잉태' 교의를 선포한 지 4년이 되는 해였습니다. 그래서 사람들은 교황이 선포한 교의를 하느님이 인정하신 것으로 받아들였습니다.

그러나 교회의 적대자들은 성모님을 보았다는 것이 거짓말이라는 베르나데트의 고백을 얻어 내려고 갖은 수단을 동원했습니다. 정부 역시 그녀를 심문하고 조사하며 거짓말이라는 자백을 받아 내기 위해 그녀에게 위협까지 가했습니다.

또한 성모님이 알려 주신 샘물이 있는 곳으로 많은 사람들이 몰려들면서 그 주변이 매우 혼잡해지자, 정부는 샘물을 담장으로 막아 접근을 막았습니다. 그러나 순례자들은 담장을 뚫고 들어갔고, 반대파들의 기세도 점차 누그러지면서 나폴레옹 3세 황제는 담장을 거두라는 명을 내렸습니다.

한편, 교회 당국은 베르나데트를 시험했습니다. 신학적으로 뛰어난 유명 인사들이 베르나데트를 끌어내리려고 갖은 시도를 했지만 결국 성공하지 못했습니다. 1862년 타르브의 교구장 로랑스 주교는 성모님이 베르나데트에게 나타나셨음을 확증한다는 조사 결과를 공식적으로 발표했습니다.

드디어 1866년 루르드에서 성모님의 발현을 기념하는 첫 미사가 거행되었고, 같은 해 7월 베르나데트는 '느베르 애덕 수녀회'에 입회했습니다. 이 수도회는 현재 우리나라 서울에도 진출해 있지요. 그리고 1872년 성모님이 말씀하신 성당이 완공되었고 그 명칭은 성모님이 알려 주신 이름인 '원죄 없는 잉태'로 했습니다.

1891년에는 성모님이 베르나데트에게 처음 발현하신 날짜인 2월

11일이 축일로 제정되었고, 1907년에는 비오 10세 교황에 의해 전 교회의 축일로 지내게 되었습니다. 그리고 성모님의 발현을 목격한 베르나데트 수비루는, 1925년 비오 11세 교황에 의해 복자로 선포되었고, 1933년 시성되었습니다.

성모님의 발현이 공식적으로 인정된 후, 점점 더 많은 순례자들이 루르드를 찾으면서 샘물로 치유된 사람들도 늘어 갔고, 기적 체험도 계속 보고되었습니다. 루르드에서 일어난 기적에 대해 독실한 신자에서부터 무신론자에 이르기까지 수많은 전문가들이 조사와 연구를 했습니다. 2013년 통계에 따르면, 대략 일주일에 두 건 정도 행해졌다고 알려진 총 수천 건의 치유 기적 중에서 교회가 인정한 기적은 69건 정도입니다.

성모님은 발현을 통해 프랑스와 전 세계에 회개하지 않으면 재앙이 닥쳐올 것이라고 경고하셨지만, 사람들은 귀를 기울이려 하지 않았습니다. 1870년 프랑스와 프로이센 전쟁에서 나폴레옹 3세 황제가 체포되는 등 전쟁 4개월 만에 프랑스가 참패를 당하고 많은 희생을 치르면서, 사람들은 이것이 성모님의 메시지를 듣지 않은 탓이라고 받아들였습니다.

이처럼 주변에 일어나는 일들을 성모님의 메시지와 연관해서 이해하려는 것도 필요한 일입니다. 하지만 그보다 더 중요하고 근본적인 것은 성모님 발현 때의 일들을 있는 그대로 들여다보는 것입니다.

베르나데트는 발현하신 성모님을 곧바로 알아보고 묵주 기도를 바쳤고, 이에 성모님이 '영광송'을 함께 바치셨습니다. 묵주 기도는 성모님과 함께 예수님의 생애 전체 곧 그리스도의 신비를 묵상하는 기도입니다. 우리는 이 기도를 자주 바침으로써 그리스도의 삶을 우리 마음과 영에 깊이 새길 수 있습니다.

성모님은 당신의 이름을 묻는 베르나데트에게 '원죄 없이 잉태된 이'라고 알려 주셨습니다. 교회 초기부터 받아들여졌고 성모님의 루르드 발현 4년 전에 공식적으로 선포된 이 교의를, 성모님이 한 어린 시골 소녀에게 직접 알려 주신 것입니다. 성모님의 이 이름으로 우리는 우리를 도와주시고 함께해 주시는 성모님의 모습을 더 잘 알아볼 수 있게 되었습니다.

한편, 루르드는 치유의 샘물로 더욱 널리 알려지게 되었습니다. 예수님이 많은 사람들을 치유하시어 당신을 믿고 구원에 이르게 하신 것처럼, 성모님도 많은 이들이 치유의 은혜를 입도록 도와주셨습니다. 하느님은 우리를 치유하심으로써 우리의 생명을 하느님이 얼마나 귀중하게 여기시는지 알게 해 주시고, 성모님은 우리에게 치유의 샘물을 알려 주심으로써 우리를 사랑하시는 하느님의 마음과 우리의 보호자이신 당신의 마음을 우리에게 전하십니다.

파티마의 성모

 1914년 7월 오스트리아가 세르비아에 선전 포고를 하면서 제1차 세계 대전이 발발했습니다. 이 전쟁은 1918년 11월 독일이 항복할 때까지 이어졌습니다. 그리고 1905년과 1917년 러시아에서 혁명이 두 차례 일어나면서 러시아는 세계 최초의 공산주의 국가가 되었습니다. 공산주의 국가의 출현은 이후 세계 역사에 엄청난 변화를 가져왔고, 교회 입장에서는 세계 복음화에 커다란 장벽이 되었습니다.

 이러한 일들이 일어날 즈음, 1917년 5월 13일부터 10월 13일까지 매월 13일 6회에 걸쳐 성모님이 발현하셨습니다. 포르투갈의 수도 리스본에서 북쪽으로 약 113킬로미터 정도 떨어진 파티마에서 양 떼를 돌보던 세 아이들에게 성모님이 나타나신 것입니다.

 성모님의 발현에 앞서, 1916년 봄과 여름과 가을 세 차례에 걸쳐 천사가 아이들에게 나타났습니다. 천사는 자신을 '포르투갈의 수호 천사'라고 하면서, 죄인들의 회개를 위해 기도와 희생을 바치라고 했습니다.

1917년 5월 13일, 당시 열 살이던 루치아는 사촌 동생인 프란치스코와 히야친타와 함께 양 떼를 돌보기 위해 골짜기로 갔습니다. 아이들은 늘 하던 대로 빨리 놀고 싶은 마음에 묵주 기도를 "은총이 아멘. 은총이 아멘." 하며 바치고는 놀고 있었습니다.

그런데 갑자기 섬광이 두 번 번쩍이더니 아름다운 여인이 하얗고 눈부신 빛에 둘러싸여 나타났습니다. 여인은 아이들에게 두려워하지 말라고 안심시키며 매달 13일 그 장소로 나오라고 하고는 이렇게 말했습니다. "너희는 너희 자신을 하느님께 바치고, 하느님의 마음을 아프게 한 죄의 보속과 죄인들의 회개를 위해 하느님께서 너희에게 보내시고자 하는 고통을 기꺼이 참아 받겠느냐? …… 전쟁이 끝나고 세상에 평화가 오도록 매일 묵주 기도를 바쳐라."

6월 13일, 그 여인, 즉 성모님은 원죄 없이 잉태되신 당신의 성심을 보여 주시며 그 성심에 대한 신심을 요청하셨고, 히야친타와 프란치스코는 곧 데려갈 것이라고 하셨습니다.

7월 13일, 성모님은 세계 평화를 위해 다시 묵주 기도를 바치라고 당부하시며 10월의 마지막 발현에서 큰 기적을 보여 주겠다고 약속하셨습니다. 그리고 "죄인들을 위해 너희 자신을 희생으로 바쳐라."라고 하시며 '희생의 기도'를 가르쳐 주셨습니다.

이어서 불타오르는 지옥의 환시를 보여 주신 후, 자신이 전하는 말을 따르면 세상에 평화가 올 것이지만, 인류가 계속해서 하느님의 마음을 아프게 한다면 전쟁과 기아, 교회 박해, 수많은 사람들의 순교와 공산주의의 확산이 따라올 것이라는 경고도 하셨습니다.

그리고 성모님은 묵주 기도를 바칠 때 매 신비가 끝난 다음 "예수님, 저희 죄를 용서하시며 저희를 지옥 불에서 구하시고, 연옥 영혼을 돌보시며 가장 버림받은 영혼을 돌보소서."라는 기도를 더하도록 가르쳐 주셨습니다. 이렇게 전해진 기도를 오늘날 우리는 묵주 기도 매 단의 끝에 바치고 있습니다.

한편 이날 세 목동이 보았던 또 하나의 환시에 대한 내용이 줄곧 알려지지 않다가 2000년 5월 13일, 교황청에 의해 발표되었습니다. 불타오르는 칼을 든 천사가 지구를 가리키며 "회개하라, 회개하라, 회개하라."라고 외치고, 흰옷을 입은 주교가 저격당하는 장면이 바로 그것입니다.

8월에는 성모님이 19일에 발현하셨는데, 이즈음 루치아를 비롯한 세 아이들은 위협과 조롱과 수모를 당하고 있었습니다. 발현이 예정된 13일에는 세 아이 모두 경찰서에서 심문당한 후 감옥에 갇혀 있었습니다. 그날 성모님은 매우 슬픈 표정으로 지옥에 떨어지는 죄인들을 위하여 기도하고 희생하는 이들이 많지 않다며 기도와 희생을 당부하셨습니다.

10월 13일, 성모님이 큰 기적을 보여 주겠다고 약속하신 시간이 다가오자 약 7만 명의 사람들이 발현지에 모여들었습니다. 그들 중에는 기자들도 다수 있었습니다. 전날 밤부터 비가 내렸고 새벽이 되자 폭풍의 기미가 보였으며 파티마 상공에는 검은 구름이 가득했습니다. 아침 9시경에는 장대 같은 비가 쏟아지기 시작했습니다. 그때 루치아가 외쳤습니다. "성모님께서 오십니다!"

성모님이 눈부신 흰빛에 둘러싸여 나타나시자 비가 그치고 태양이 빛나기 시작했습니다. 그리고 성모님은 말씀하셨습니다. "나는 묵주 기도의 모후다. 나를 공경하는 뜻으로 이 자리에 성당을 짓기를 바란다. 그리고 매일 묵주 기도를 바쳐라. …… 인류는 이제 더 이상 하느님의 마음을 아프게 해서는 안 된다. 그분은 이미 너무 많은 상처를 입으셨다."

이어서 성모님이 하늘로 손을 뻗치시자 태양이 색색의 빛줄기를 뿜으며 아래에 있는 모든 것을 갖가지 빛깔로 물들이더니, 빙글빙글 돌면서 마치 땅 위로 떨어지려는 듯했습니다. 군중들은 두려움에 떨며 소리를 지르거나 예수님과 성모님을 부르짖었고, 어떤 이들은 죄를 고백하기도 했습니다. 성모님이 예언하신 이 '기적'은 사람들이 성모님의 발현을 인정하기에 충분했습니다.

이 광경에 이어서 성모님이 아기 예수님을 안으신 요셉 성인과 함께 나타나셨는데, 아기 예수님과 요셉 성인은 십자 성호를 그으며 세상을 축복하셨습니다.

훗날 가르멜 수녀회에 입회한 루치아는 주교의 명령에 따라 성모님과 천사의 발현에 관해 모두 기록했습니다. 한편 1919년 파티마 관할 본당 신부는 성모님의 발현을 리스본에 보고했고, 1922년부터 조사가 시작되어 1929년에 보고서가 작성되었습니다. 그 사이에 "히야친타와 프란치스코는 곧 데려가겠다."라고 하신 성모님의 예언대로, 세 아이 중 프란치스코가 1919년, 히야친타가 1920년에 세상을 떠났습니다.

1930년 10월 13일, 파티마 관할 교구장 호세 실바 주교와 포르투갈의 주교들은 파티마의 성모님 발현을 공식적으로 인정했습니다. 그리고 발현 25주년인 1942년 10월 31일, 비오 12세 교황은 성모님의 요청대로 제2차 세계 대전으로 고통받는 전 세계와 교회를 성모님의 티 없는 성심께 봉헌했습니다. 그 후 발현 50주년인 1967년 5월 13일, 바오로 6세 교황은 파티마를 공식적으로 방문하여 기념식을 거행했으며, 파티마 발현의 의미를 담은 교황 권고 〈위대한 표징〉을 발표했습니다.

요한 바오로 2세 교황은 1981년 5월 13일, 성 베드로 광장에서 괴한에게 총격을 당한 후, 병상에서 파티마 발현 관련서를 모두 살펴보았습니다. 그리고 이듬해 5월 13일에는 파티마를 방문했습니다. 이어서 1991년과 2000년 5월 13일에도 파티마를 방문했으며, 성모님의 발현을 목격한 히야친타와 프란치스코를 복자품에 올렸습니다.

파티마에 발현하신 성모님은 세 아이들을 통해 죄인들의 회개와 전 세계의 평화를 위해 우리가 일상생활에서 겪는 모든 고통을 희생으로 바치라고 하셨습니다. 그리고 묵주 기도를 자주 바치며, 전 세계를 성모님의 티 없는 성심께 봉헌하라고 하셨습니다.

또한 성모님은 첫 번째 주 토요일에 신심을 바칠 것을 요청하셨는데, 미사 영성체, 고해성사, 묵주 기도 등을 특별히 강조하셨습니다. 우리는 이런 파티마 성모님의 메시지를 기억하며, 세계 평화를 위해 끊임없이 기도해야 할 것입니다.

맺음말

교회의 모범이신 성모님과 요셉 성인

우리 신자들을 위해 성모님에 관한 글을 꼭 쓰고 싶다고 생각했습니다만, 글을 하나하나 써 가면서 다가오는 성모님의 모습이 오히려 저에게 큰 묵상이 되었습니다. 그리고 저에게 성모님에 대한 훨씬 더 깊은 신심이 필요하다는 것도 알게 되었습니다.

글을 쓴 후 다시 천천히 읽어 보니, 제가 바랐던 것처럼 쉬운 글이 아님을 느꼈습니다. 성경에 관해 쓸 때 신학적인 바탕 위에 쓰려고 하는 버릇이 글에 그대로 있는 것이 보였습니다. 아무래도 제가 할 수 있는 일은 여기까지인 것 같습니다.

성모님에 대해 묵상하고 글을 쓰면서 자연스럽게 제 마음 한쪽에서 계시는 분이 느껴졌습니다. 바로 요셉 성인이십니다. 요셉 성인은 하느님이 성모님을 통해 하고자 하신 일을 지상에서 가능하도록 자신의 모든 것을 내놓은 숨은 주역이십니다.

하느님의 아드님 예수님을 잉태하고 세상에 내어 주신 성모님의 역할은 세상 끝까지 교회가 해야 할 사명이기에, 성모님은 교회의 어머니이시고 모범이십니다. 그리하여 교회는 그리스도에게서 정점에 이른 하느님의 구원 사업을 세상에 전하면서 그 첫째가는 모범으로 성모님을 공경합니다.

교회는 '그리스도에 대한 믿음과 그 모범으로서의 성모님'을 온 세상이 만날 수 있도록 해야 할 사명이 있습니다. 바로 예수님과 성모님이 세상 안에서 살 수 있도록 노력해야 한다는 것입니다.

이 일을 먼저 하신 분이 바로 요셉 성인이십니다. 그래서 성모님은 교회의 모범이시지만, 요셉 성인 또한 성모님과는 다른 모습으로 교회의 모범이 되고, 교회가 따라야 할 길이십니다.

부록

성모 마리아 관련 축일

1월
- 천주의 성모 마리아 대축일 (1월 1일)

2월
- 주님 봉헌 축일 (2월 2일)
- 루르드의 복되신 동정 마리아 기념일 (2월 11일)

3월
- 주님 탄생 예고 대축일 (3월 25일)

5월
- 파티마의 복되신 동정 마리아 기념일 (5월 13일)
- 복되신 동정 마리아의 방문 축일 (5월 31일)

6월
- 티 없이 깨끗하신 성모 성심 기념일 (예수 성심 대축일 다음 토요일)

7월
- 카르멜 산의 복되신 동정 마리아 기념일 (7월 16일)

8월
- 성모 대성전 봉헌 기념일 (8월 5일)
- 성모 승천 대축일 (8월 15일)
- 복되신 동정 마리아 모후 기념일 (8월 22일)

9월
- 복되신 동정 마리아 탄생 축일 (9월 8일)
- 지극히 거룩하신 마리아 성명 기념일 (9월 12일)
- 고통의 성모 마리아 기념일 (9월 15일)

10월
- 묵주 기도의 복되신 동정 마리아 기념일 (10월 7일)

11월
- 복되신 동정 마리아의 자헌 기념일 (11월 21일)

12월
- 한국 교회의 수호자 원죄 없이 잉태되신 복되신 동정 마리아 대축일 (12월 8일)
- 과달루페의 복되신 동정 마리아 기념일 (12월 12일)